Frauke Kaesler-Probst
Clemens Kaesler

WIRTSCHAFT

Was geht mich Wirtschaft an?

IHK Wiesbaden
wirtschafts führerschein

Dein Buch zum IHK-Wirtschaftsführerschein

Liebe Schülerinnen, liebe Schüler!

Dies ist euer Buch. Ihr haltet es in Händen, weil ihr euch der Herausforderung „Wirtschaftsführerschein" erfolgreich stellen wollt. Ihr seid bereit, für die Vorbereitung auf das Ausbildungsleben ein anspruchsvolles Zusatzprogramm zu absolvieren. Das ist gut so. Denn darauf kommt es an: Disziplin und Begeisterung zu investieren und Ziele zu wählen, die uns über uns selbst hinauswachsen lassen.

Lest dieses Buch. Es vermittelt wirtschaftliche Zusammenhänge und erklärt die Funktionsweise von Unternehmen. Das sind wichtige Kenntnisse auf dem Weg ins erfolgreiche Berufsleben. Verblüfft eure zukünftigen Ausbilder damit, wie viel ihr schon über Wirtschaft wisst. Sie werden euch auf dieser Basis zusätzlich fördern und fordern.

Ich freue mich, dass ihr euch für unser Projekt angemeldet habt. Der IHK-Wirtschaftsführerschein erhöht die Chance, dass eure Eigeninitiative und Leistungsbereitschaft mit einem erfolgreichen Abschluss belohnt werden. Bleibt ehrgeizig, denn nur dann merkt ihr, was an Fähigkeiten in euch steckt! Mein Lieblingssatz dazu ist: Glück geschieht, wenn die Chance die Absicht kreuzt. Das Leben verteilt die günstigen Gelegenheiten nach dem Zufallsprinzip. Was für euch daraus wird, hängt vom Niveau eurer Ansprüche ab. Und auch kleine Durststrecken lassen sich leichter überwinden, wenn man vor Augen hat, was für eine Belohnung am Ende der Anstrengung wartet. Eure Ziele können also gar nicht hoch genug gesteckt sein!

Dr. Gerd Eckelmann
Präsident der IHK Wiesbaden

Inhalt

Die Wünsche sind grenzenlos, doch wie soll ich das alles nur bezahlen?

1. Was ist Wirtschaft?

Sven:	Hi Jasmine, schau mal, ich hab´s mir endlich geholt, das neue I-Put XS Handy mit vielen geilen Apps.
Jasmine:	Cool! Zeig mal her, kannst du damit im Internet auch chatten?
Sven:	Logo, ich hab' sogar eine Flatrate, ich zahl' im Monat 25 € und kann alles im Internet machen, was ich will.
Jasmine:	Was hat das Teil denn gekostet?
Sven:	War nicht ganz billig, 199 €, und auch nur, weil ich einen Vertrag abgeschlossen habe! Aber meine Eltern waren einverstanden.
Jasmine:	Wow, so viel Kohle! Da fällt mir ein, Steven und Laura wollen am Samstag ins Kino. Kommst Du mit?
Sven:	Mmmh, das Problem ist, ich bin jetzt pleite!
Jasmine:	Was? Wegen dem Handy musst du jetzt am Samstag zu Hause hocken?
Sven:	Was soll ich machen, wenn ich kein Geld hab'?
Jasmine:	Also, da wäre mir das Handy nicht so wichtig gewesen.

1.1 Wirtschaften! – oder was hat das mit mir zu tun?

Ging es dir auch schon mal wie Sven? Du hast viel vor, aber das Geld reicht nicht – da bist du nicht allein. Der Umgang mit Geld betrifft im Prinzip alle Jugendlichen und Erwachsenen. Du hast eine bestimmte Summe Geld für einen Monat (Taschengeld oder Lohn) und musst schauen, wie du damit über die Runden kommst. Das nennt man „wirtschaften". Es ist nichts anderes, als dass du versuchst, dir mit dem vorhandenen Geld möglichst all deine Wünsche zu erfüllen.

Alle Wünsche erfüllen? Klingt toll, aber das geht natürlich nicht. Zunächst muss man sich um das Notwendigste kümmern. Deine Eltern müssen zum Beispiel erst einmal für Essen, Trinken, Kleidung und die Wohnung sorgen, bevor sie sich einen schönen Urlaub oder einen neuen Fernseher leisten können.

Auch Unternehmen wirtschaften, das ist sogar ihr Hauptzweck. Sie haben Mitarbeiter und Maschinen und Rohstoffe. Diese versuchen sie möglichst gut einzusetzen, um zum Beispiel Autos oder Fahrräder herzustellen. Kein Unternehmen kann es sich leisten, sein Geld zu verschwenden. Denn dann werden seine Produkte zu teuer und die Leute kaufen bei einem anderen Unternehmen (Konkurrenz). Darauf gehen wir aber nochmal in Kapitel 3 ganz genau ein.

Gutes Wirtschaften erfolgt nach dem ökonomischen Prinzip.

Ökonomie ist ein Fremdwort und heißt Wirtschaft. Ökonomisch bedeutet dann also wirtschaftlich. Das ökonomische Prinzip ist demnach ein Wirtschaftlichkeitsprinzip. Es sagt aus, dass man versucht, mit einem möglichst geringen Aufwand ein bestimmtes Ziel zu erreichen (Minimalprinzip). Oder man versucht, mit den vorhandenen Mitteln möglichst viel zu erreichen (Maximalprinzip).

Beispiel gefällig?
Minimalprinzip: Du willst eine Lady Gaga CD kaufen, im Laden kostet sie 12,99 €, du schaust jedoch auf Ebay und findest eine gebrauchte CD für 6 €.
Maximalprinzip: Du hast im Monat 40 € Taschengeld. Um möglichst oft ins Kino gehen zu können, gehst du immer am Kinotag in die Schülervorstellung, weil diese am wenigsten kostet.

Unternehmen führen auch eine Art „Haushaltsbuch".

Dort nennt sich das Ganze „Buchführung" und ist eine Technik, die du in einem kaufmännischen Ausbildungsberuf erlernst.

Wirtschaften heißt Umgang mit knappen Gütern.

Ein Jugendlicher in Deutschland hat im Durchschnitt 40 € monatlich Taschengeld.

Ein Arbeitnehmer verdient in Deutschland durchschnittlich rund 2.600 € pro Monat.

TIPP

Wie kann man Wirtschaften lernen?

Ein guter Weg, den Umgang mit Geld zu erlernen, ist das Haushaltsbuch. Bei einem Haushaltsbuch schreibst du dir einfach über mehrere Wochen hinweg auf, was du an Geld einnimmst (Taschengeld, Nebenjob) und wofür du es ausgibst. Dann bekommst du einen guten Überblick, wohin dein Geld fließt. Vielleicht fällt dir ja dann auf, wo du am leichtesten mit dem Sparen anfangen kannst. Siehst du zum Beispiel, dass du viel Geld beim Bäcker in der Schule lässt, kannst du beschließen, dir morgens selbst ein Brot zu machen.

Ein Haushaltsbuch kann wie eine Tabelle aussehen:

Einnahmen Januar		Ausgaben Januar	
Taschengeld	40,- €	Handy	15,- €
Job im Supermarkt	80,- €	Kino	6,- €
		Neuer Pulli	25,- €
		Kneipenbesuche	23,- €
		Disco	31,- €
		Musikdownloads	10,- €
Gesamt	120,- €	Gesamt	110,- €

Warum muss denn eigentlich gewirtschaftet werden?

Ganz einfach, die Güter sind knapp. „Güter" ist der Begriff für alles, was die Bedürfnisse der Menschen befriedigt, wie Kleidung, Essen, Computer und Telefon. Von di esen Dingen wollen alle Menschen immer mehr, wer möchte nicht den neuesten Laptop, die angesagtesten Klamotten oder das schickste Auto? Da dies natürlich nicht geht, müssen wir sehen, wie wir das Geld dafür einteilen.

1.2 Die Schuldenfalle

Doch nicht jeder schafft es, sein Geld richtig einzuteilen. Denn natürlich heißt das auch, auf bestimmte Wünsche zu verzichten oder sie zu verschieben. Doch täglich siehst du Werbung und tolle Sachen in den Läden. Oder du willst eine Wii, die sich gerade dein Kumpel gekauft hat oder mit deinen Freunden ins Kino und dort nicht auf Popcorn und Cola verzichten. Bei so viel Angebot kann es ganz schnell passieren, dass du in eine Schuldenfalle tappst.

Dein Taschengeld oder die Ausbildungsvergütung geht natürlich nicht für die Wohnungsmiete oder das Essen drauf, das zahlen ja normalerweise die Eltern. Das Geld, das du nicht gerade sparst, gibst du für Kleidung, Handy, Apps, Downloads oder Kosmetik aus. Und das Geld, das dir zur Verfügung steht, reicht da vielleicht nicht immer.

Schulden sind grundsätzlich nichts Schlimmes. Viele Leute machen bei der Bank Schulden, beispielsweise wenn sie ein Haus kaufen oder ein neues Auto brauchen. Dann nehmen sie ein so genanntes Darlehen auf. Denn die wenigsten Menschen haben so viel Geld, dass sie diese riesigen Beträge einfach so zahlen könnten. Schulden werden aber dann zum Problem, wenn jemand mehr Geld ausgibt, als er hat. Denn dann muss jeden Monat erst mal wieder das Konto ausgeglichen werden und es bleibt noch weniger Geld übrig, das man ausgeben kann. Außerdem kosten Überziehungszinsen auf dem Konto richtig viel Geld. Von den Banken werden bis zu 18 % Zinsen berechnet. Vielleicht hast du ja auch schon ein Konto, denn es gibt bei den Banken Konten für Schüler und Azubis, die normalerweise kostenlos sind.

Also, am besten ist es, erst gar keine Schulden zu machen. Ist es jedoch passiert, dann solltest du schnellstmöglich wieder von den Schulden runterkommen. Streiche alle unnötigen Ausgaben und trage alle Ausgaben in einem Haushaltsbuch ein. Dann siehst du, wo dein Geld hingeht und du bekommst einen besseren Überblick.

TIPP

Am besten, du verwendest für dein Handy immer eine Prepaid-Karte oder eine Flatrate, falls das deine Eltern erlauben. So hast du die Kosten im Griff.

Vorsicht beim Downloaden von Musik oder Spielen, diese sind in der Regel nicht durch die Flatrate abgedeckt und kosten extra.

1.3 Unsere Wirtschaft – eine (soziale) Marktwirtschaft

Unsere Wirtschaft in Deutschland ist eine Marktwirtschaft. Das Wort „Markt" kennst du, es gibt in der Stadt den Marktplatz, auf dem die Händler regelmäßig am Markttag ihr Gemüse verkaufen. Die Kunden spazieren über den Markt und wählen den Gemüsestand, wo die Gurken am günstigsten sind oder am besten aussehen. Das lässt sich im Prinzip auch auf die gesamte Wirtschaft Deutschlands übertragen. Unternehmen bieten eine Vielzahl von Produkten an. Die Kunden (so genannte Verbraucher) wählen das Produkt aus, welches sie für das beste halten. Die Entscheidung wird nicht immer danach getroffen, ob es das günstigste Produkt ist - im Klamottenladen kaufst du ja auch nicht nur das, was gerade am billigsten ist.

Marktwirtschaft bedeutet also, dass die Produkte der Unternehmen auf einem Markt verkauft werden. Der Markt muss nicht nur der Marktplatz in der Stadt sein, es kann auch der Supermarkt oder ein Großmarkt sein, aber auch das Internet. Im Prinzip ist der Markt immer dort, wo ein Unternehmen ein Produkt anbietet und ein Kunde das Produkt kauft.

Natürlich dürfen Unternehmen nicht alle Waren völlig frei anbieten, zum Beispiel dürfen hochprozentige alkoholische Getränke erst an 18-Jährige verkauft werden, Drogen sind grundsätzlich verboten. Der Staat hat Gesetze erlassen, damit „frei" nicht „verantwortungslos" bedeutet.

Wiesbadener Wochenmarkt

Was ist das Gegenteil von Marktwirtschaft?

Das Gegenstück zur Marktwirtschaft ist die Zentralwirtschaft (auch Planwirtschaft genannt). Dort können weder die Unternehmen noch die Menschen frei entscheiden, was sie verkaufen oder kaufen. Die Entscheidung übernimmt der Staat. Er plant zum Beispiel voraus, wie viele Autos im nächsten Jahr gebaut werden sollen.

Vor der Wiedervereinigung im Jahr 1990 gab es noch die DDR, in der die Zentralwirtschaft galt. Dort dauerte es teilweise bis zu zehn Jahre, bis man nach der Antragstellung sein neues Auto bekam.

TIPP

Was merke ich persönlich von der Marktwirtschaft?

Marktwirtschaft heißt, dass die Unternehmen frei in der Entscheidung sind, welche Waren sie zu welchen Preisen anbieten. Der Verbraucher hat die freie Wahl zu kaufen, was er möchte. Das bedeutet für dich: Bevor du eine größere Anschaffung machst, schaue dich gut in den Geschäften um. Das gleiche Notebook kann im Laden um die Ecke schon viel billiger sein. Es ist auch erlaubt, im Geschäft zu handeln. Du willst ein neues Notebook, das im Laden 699 € kostet, hast aber nur 600 €. Frage einfach den Verkäufer, ob du es auch für diesen Preis haben kannst. Vielleicht hast du Glück.

Warum heißt es nun „soziale" Marktwirtschaft?

Was Marktwirtschaft bedeutet, haben wir gerade beschrieben. Bestimmt hast du schon von der sozialen Marktwirtschaft gehört. Der Begriff „sozial" bedeutet so viel wie „gemeinnützig" oder „wohltätig". Auf die Wirtschaft bezogen heißt das, dass nicht alles dem Markt überlassen wird, sondern Menschen geholfen wird, die arbeitslos oder krank sind. Dafür gibt es zum Beispiel Arbeitslosengeld oder eine Krankenversicherung. In einer sozialen Marktwirtschaft sorgt der Staat durch Gesetze dafür, dass Unternehmen ihre mächtige Position nicht missbrauchen. Dies unterscheidet die soziale Marktwirtschaft von der freien Marktwirtschaft, bei der die Unternehmen völlig frei handeln können.

Fakten zur Marktwirtschaft:

- **In einem Aldi-Supermarkt gibt es rund 800 verschiedene Produkte.**
- **In einem Rewe-Supermarkt gibt es rund 3.000 verschiedene Artikel.**
- **Die Wirtschaft der Bundesrepublik Deutschland setzt im Jahr 2010 2.530 Milliarden € um.**

1.4 Wirtschaftssektoren – Die drei Sektoren

Die Gesamtwirtschaft lässt sich in verschiedene Sektoren (Teilgebiete) unterteilen. Derzeit spricht man von drei Sektoren. Was die Sektoren sind, lässt sich einfach anhand des Schreibtischs erklären, an dem du vielleicht gerade sitzt.

Das Holz für den Schreibtisch kommt aus dem ersten Sektor. Dieser umfasst die Land- und Forstwirtschaft, den Fischfang und den Bergbau. Also all das, wo unsere grundlegenden Rohstoffe und Nahrungsmittel herstammen.

Die Baumstämme werden in ein großes Sägewerk gebracht und die dort gesägten Bretter kommen anschließend in eine Möbelfabrik. In der Fabrik wird der Schreibtisch hergestellt.

Die Industrie ist also der zweite Sektor. Er wird auch der verarbeitende Sektor genannt, da hier die Rohstoffe aus dem ersten Sektor zu Produkten verarbeitet werden.

Der Schreibtisch ist aber noch lange nicht bei dir. Er wird von der Fabrik in das Möbelgeschäft transportiert. Dort hast du ihn dir ausgesucht. Der Handel gehört somit zum dritten Sektor, dem sogenannten Dienstleistungssektor. Hier werden Dienste verrichtet. Auch der Handel ist eine Dienstleistung, denn du musst nicht extra zur Möbelfabrik fahren, um dir den Schreibtisch zu holen, sondern du kannst in einem schönen Geschäft zwischen verschiedenen Tischen auswählen.

Die Angaben „primär“, „sekundär“ und „tertiär“ stammen aus dem Lateinischen. Lateinisch ist keine „lebendige“ Sprache mehr, es wird in keinem Land mehr gesprochen. Es ist aber die Sprache, aus der viele Fachbegriffe der Wissenschaft stammen, da früher Wissenschaftler nur lateinisch gesprochen und geschrieben haben.

Erster Sektor	–	Primärer Sektor
Zweiter Sektor	–	Sekundärer Sektor
Dritter Sektor	–	Tertiärer Sektor

TIPP

Was gehen mich die Wirtschaftssektoren persönlich an?

Die Aufteilung der Wirtschaft in die drei Sektoren ist nur ein erster Schritt. Wirtschaftsfachleute untersuchen jährlich genau, wie sich die Sektoren entwickeln. Dabei hat sich gezeigt, dass der erste Sektor in der Bundesrepublik Deutschland immer kleiner wird, während insbesondere der dritte Sektor stark wächst. Daraus kannst du Schlüsse für deine Berufswahl ziehen. Ein Beruf im Bereich des Dienstleistungssektors ist relativ krisensicher und hat Zukunft, während kaum ein Jugendlicher heute noch auf die Idee kommt, Fischer zu werden oder im Bergbau zu arbeiten. Gerade der Dienstleistungssektor ist im Raum Wiesbaden stark vertreten.

1.5 Die Wirtschaftsregion Wiesbaden

Die Region Wiesbaden zählt zu den stärksten Wirtschaftsstandorten in Europa. Der IHK-Bezirk ist nicht nur Deutschlands Sekt- und Weinhochburg, sondern auch bedeutend in den Bereichen Versicherungsgewerbe, Unternehmensberatung, Handel, Tourismus, Messen, Medien und Industrie. Aber auch in der Gesundheits- und der Designwirtschaft zeigt der Standort immer mehr Profil. Insgesamt gibt es rund 38.000 Unternehmen im IHK-Bezirk Wiesbaden. Einige davon sind allerdings ganz klein und bestehen nur aus der Person des Firmeninhabers. Aber auch aus kleinen Unternehmen entsteht oftmals ein großes. Vor allem wenn die Rahmenbedingen so gut sind.

!!

Rechtsanwälte, Steuerberater, Ärzte und Wirtschaftsprüfer nennt man auch die „freien Berufe": Dieser Begriff stammt noch aus dem Mittelalter, wo es keine Berufsfreiheit gab, das heißt junge Menschen konnten sich damals nicht einfach überlegen, was sie werden wollten, sondern der Beruf war durch Familie und Stand vorgegeben. Die freie Berufswahl war den Adeligen vorbehalten, die nach einem Studium die Wahl zwischen dem Staatsdienst (Militär, Richter) oder einem freien Beruf beispielsweise als Rechtsanwalt hatten.

Dazu zählt vor allem die Nähe zum Frankfurt Airport, dem größten deutschen Flughafen, der zugleich eines der weltweit bedeutendsten Luftfahrt-Drehkreuze ist. Außerdem ermöglicht das Autobahnnetz mit acht Anschlüssen allein im Bereich der Stadt Wiesbaden eine schnelle Anbindung in alle Himmelsrichtungen.

Über 60 Prozent der Firmen sind dem Dienstleistungssektor zuzurechnen. Dort arbeiten fast 96.000 Menschen. Zum Dienstleistungssektor gehören zum Beispiel Versicherungen, Banken, Hotels und Restaurants, aber auch Steuerberater, Unternehmensberater und Wirtschaftsprüfer. Auch der Handel mit seinen vielen Kaufhäusern, Geschäften und Boutiquen gehört zum Dienstleistungssektor. Zudem ist Wiesbaden ein lebendiger Medienstandort. Einrichtungen der Filmwirtschaft sind hier ebenso zuhause wie zahlreiche Verlage für Zeitungen, Zeitschriften und Bücher. Außerdem hat sich eine bunte und kreative Designszene entwickelt.

Ein wichtiger Wirtschaftsfaktor ist auch der Tourismus. In der Kur- und Gesundheitsstadt Wiesbaden lassen sich Gäste aus aller Welt in der Deutschen Klinik für Diagnostik (DKD) untersuchen. Die Schönheit der Stadt Wiesbaden lockt viele Touristen an, den Gästen stehen täglich 4.500 Betten in Hotels, Pensionen und Gasthöfen aller Kategorien zur Verfügung. Wiesbaden ist die Landeshauptstadt Hessens, wodurch hier viele Behörden angesiedelt sind. Zudem ist es Sitz des Bundeskriminalamts sowie des Statistischen Bundesamts – Behörden, über die fast täglich in den Nachrichten berichtet wird.

Wie sieht es mit dem zweiten Sektor, der Industrie, aus? Derzeit gibt es am Standort mehr als 850 Industrieunternehmen. Die chemische Industrie ist in Wiesbaden ein wichtiger Zweig mit einem Jahresumsatz von über 1,2 Milliarden Euro. Der größte Teil der Industrie ist etwas außerhalb von Wiesbadens Innenstadt, insbesondere am Rhein, zu finden.

Auch der primäre Sektor ist im Raum Wiesbaden angesiedelt. Berühmtestes Beispiel ist der Weinbau im Rheingau. Wiesbaden gilt als Hauptstadt des Sektes, 1837 begann die erste und älteste rheinische Sektkellerei mit ihrer Produktion.

Wiesbaden, Rheingau-Taunus-Kreis und Hochheim in Zahlen

Bevölkerung gesamt: 460.796
Anzahl Unternehmen (IHK): 37.645
Anzahl Arbeitnehmer: 159.700

Henkell & Co. Sektkellerei KG - Marmorsaal

2. Unternehmen – Aufgaben und Ziele

2.1 Was genau sind eigentlich Unternehmen?

Im vorigen Kapitel haben wir von Unternehmen gesprochen. Doch was genau sind eigentlich Unternehmen? Es gibt die unterschiedlichsten Formen von Unternehmen, zum Beispiel Handwerksbetriebe, Versicherungen, Industrieunternehmen, Handelsunternehmen, landwirtschaftliche Betriebe und andere. H&M ist ein Unternehmen, McDonald's auch. Das Fitnessstudio, in das du vielleicht gehst, ebenfalls. Aber auch der Zeitungsladen um die Ecke ist ein Unternehmen. So unterschiedlich diese Unternehmen auch sind, eine Sache ist ihnen allen gemeinsam: Sie verdienen Geld, indem sie etwas verkaufen. Und: Sie alle wollen einen möglichst hohen Gewinn dabei machen.

M

Unternehmen verkaufen ihre Produkte oder Dienstleistungen und wollen damit einen möglichst hohen Gewinn erzielen.

?

Irgendwie hört sich das so negativ an: „Unternehmen wollen einen möglichst hohen Gewinn machen." Warum muss das so sein?

Ein Unternehmen muss Gewinne machen, damit es überlebt. Die Produkte, die ein Unternehmen herstellt, müssen mindestens die Kosten decken, die durch ihre Produktion verursacht wurden. Also könnte man auch sagen, es reicht doch, wenn Unternehmen ihre Kosten decken. Im Prinzip ja, aber Unternehmen müssen fortlaufend investieren, das heißt, sie müssen neue Maschinen kaufen, neue Produkte erfinden und so weiter. Dies muss ebenfalls alles bezahlt werden. Zudem hat der Unternehmer keinen Lohn. Sein Lohn ist der Gewinn, den er erzielt. Dies treibt ihn an, besonders hart zu arbeiten und sich um sein Unternehmen zu kümmern. Deshalb ist der Gewinn ein wichtiger Anreiz, dass Unternehmen sich entwickeln und neue Produkte erfinden.

Produktionsunternehmen stellen Güter her. Dafür benötigen sie Rohstoffe, die sie von Urproduktionsunternehmen bekommen. Das sind die Betriebe der Land- und Forstwirtschaft sowie Bergwerke. So erhält der Chipshersteller Chio Chips seine Kartoffeln von den umliegenden Landwirtschaftsbetrieben. Die Chipstüten werden dann an die Groß- und Einzelhändler verkauft.

2.2 Welche Unternehmensarten gibt es?

Bis du einen Hamburger bei McDonald's kaufen kannst, muss er erst mal verschiedene Wirtschaftszweige durchlaufen. Es ist meistens kaum möglich, dass ein Unternehmen alles leisten kann. So baut McDonald's seinen Salat nicht selbst an, sondern bezieht ihn von verschiedenen Lieferanten wie Bonduelle, VanGorp oder Eisberg, die ihn wiederum von verschiedenen landwirtschaftlichen Unternehmen erhalten und dann weiter verarbeiten. Seine Getränke bekommt McDonald's zum Beispiel vom Getränkehersteller Coca-Cola oder die Pommes von Lieferanten wie McCain oder Agrarfrost, die ihrerseits von verschiedenen landwirtschaftlichen Betrieben beliefert werden. Die Verpackungsmaterialien werden bei Verpackungsherstellern eingekauft.

McDonald's zählt dabei zu den Dienstleistungsunternehmen, ebenso die Zwischenhändler. Unternehmen, die Produkte herstellen, sind Produktionsunternehmen.

Unternehmensarten können Produktions- oder Dienstleistungsunternehmen sein.

2.3 Was sind „Unternehmer"?

Unternehmer sind Menschen, die ein eigenes Unternehmen haben. Sofort denkt man, dass diese Menschen dann auch reich sind, viele Angestellte haben und ein dickes Auto fahren. Dem ist jedoch nicht so. Wer ein Unternehmen gründet, verzichtet auf einen sicheren Arbeitsplatz. Er trägt selbst das Risiko, ob seine Geschäftsidee Erfolg hat oder nicht. Gerade Unternehmer, die ein Unternehmen gründen, setzen dafür oft ihr erspartes Geld ein.

Du kennst bestimmt das Betriebssystem Windows, das auf den meisten Computern läuft. Es ist ein Produkt der Firma Microsoft, dem größten Computerprogramm-Hersteller der Welt mit über 93.000 Mitarbeitern und einem Umsatz von über 64 Milliarden US-Dollar. Diese Firma hat einmal in einer Garage angefangen. Die zwei computerbegeisterten Freunde Paul Allen und Bill Gates arbeiteten damals noch an ihrem ersten Betriebssystem und verdienten anfänglich nur wenig Geld. Höchstwahrscheinlich hätten sie selbst nie erwartet, dass aus dieser Garage einmal ein riesiges Unternehmen hervorgeht.

Benz Patent-Motorwagen, 1886

Andere große Unternehmen sind ähnlich entstanden. Nehmen wir die Daimler AG, die die schicken und noblen Mercedes-Karossen fertigt. Der Ursprung des Unternehmens liegt bei Gottlieb Daimler, der 1883 seinen ersten schnelllaufenden Benzinmotor erfand. Dieser sollte die Grundlage für das Auto sein. Niemand glaubte damals an den Erfolg des Automobils, heute kann man Autos aus unserem Leben nicht mehr wegdenken.

Mercedes-Benz, E-Klasse Limousine, 2011

Jährlich werden deutschlandweit über 400.000 Unternehmen neu gegründet.

Die IHK bietet den Existenzgründern – also Unternehmern, die neu starten – Unterstützung durch Seminare, Schulungen und Beratung.

Kann denn wirklich jeder Unternehmer werden?
Benötigt man dafür eine spezielle Ausbildung?

Jeder kann Unternehmer werden, zumindest wenn er eine gute Geschäftsidee hat. Auf die kommt es nämlich an. Es ist wahrscheinlich keine gute Idee, in einer Kleinstadt das zehnte Solarium zu eröffnen oder seinen Job zu kündigen, bevor man genau weiß, was man eigentlich mit seinem eigenen Unternehmen erreichen möchte. Zudem braucht man etwas Startkapital und ganz wichtig, man muss kaufmännische Grundkenntnisse haben. Du solltest auf jeden Fall gut rechnen können (sonst kalkulierst du vielleicht den falschen Preis) und gut in Deutsch sein, denn im Geschäftsleben muss viel geschrieben werden. Immer wichtiger wird es für Unternehmer auch, gut in Englisch zu sein – denn gerade die deutschen Unternehmen verkaufen viel ins Ausland – hierfür ist Englisch die Geschäftssprache.

2.4 Wie produzieren Unternehmen?

In Wiesbaden gibt es zum Beispiel das Unternehmen „Kalle GmbH". Kalle stellt unter anderem Wursthüllen und Rohstoffe für die Fleischwarenindustrie her. Außerdem produziert Kalle Schwammtücher, mit denen man beispielsweise das Badezimmerwaschbecken säubern kann. Die Tücher werden unter verschiedenen Markennamen im Handel angeboten. Damit Kalle seine Schwammtücher produzieren kann, braucht es verschiedene Produktionsfaktoren – Boden, Arbeit und Kapital. Was bedeutet das?

Zum einen werden Rohstoffe wie Cellulose und Baumwollfasern benötigt, also „Zutaten" aus der Natur. Diese werden unter dem Begriff **Boden** zusammengefasst. Bei anderen Produzenten können dies aber auch andere Rohstoffe sein, zum Beispiel Holz und Leim für die Produktion von Schränken oder Werkstoffe wie Öl, Stahl und Kunststoffe. Die Produktion der Schwammtücher findet in Fabrikgebäuden an verschiedenen Maschinen statt. Zum Beispiel müssen die Schwammtücher aus den verschiedenen Roh- und Werkstoffen gepresst, zugeschnitten und verpackt werden. Fabrikgebäude und Maschinen werden unter dem Begriff **Kapital** zusammengefasst.

Doch irgendjemand muss auch die Maschinen bedienen. Alle Arbeiter und Angestellten, die an der Produktion beteiligt sind, werden unter dem Begriff **Arbeit** zusammengefasst. Dazu zählt neben der körperlichen auch die geistige Arbeitskraft.

Alle diese Produktionsfaktoren kombiniert das Unternehmen so, dass Produkte entstehen, die dich interessieren und die du kaufen möchtest. Und damit verfolgt es sein Hauptziel: Einen möglichst hohen Gewinn machen.

Infraserv, Industriepark Kalle-Albert, Wiesbaden

Boden + Arbeit + Kapital = Produkte im Supermarkt

Wursthüllenproduktion, Kalle GmbH

2.5 Was Unternehmen wollen – oder: Was sind ihre Ziele?

Jasmine:	Sag mal, Sven, weißt du schon, was du nach deinem Schulabschluss machen willst?
Sven:	Naja, möglichst viel Geld verdienen. Du etwa nicht?
Jasmine:	Klar, will ich auch, wer will das nicht. Aber es muss auch Spaß machen. Ich würde echt gerne eine Lehre im Einzelhandel machen, so wie meine Cousine. Am liebsten will ich in einem In-Laden coole Klamotten verkaufen. Vielleicht mach ich dann irgendwann mal selbst eine Boutique auf. Das hat meine Cousine auch gemacht. Oder ich leite später mal den H&M hier um die Ecke!
Sven:	Ja, das wär' krass. Dann weiß ich ja, von wem ich mich beraten lassen kann, wenn ich Klamotten kaufen gehe. Ich würd' gern was mit großen Maschinenanlagen in der Industrie machen, Industrie-Mechaniker oder so. Am liebsten wäre mir, wenn ich die Lehre bei einem internationalen Unternehmen machen und danach für ein paar Jahre ins Ausland gehen könnte.
Jasmine:	Cool. Dann kann ich dich ja mal besuchen.

Wie du bei Jasmine und Sven siehst, hat jeder irgendwelche Ziele. Jasmine will Einzelhandelskauffrau werden und am liebsten eine eigene Boutique eröffnen oder einen Laden leiten. Sven will viel Geld verdienen, Industrie-Mechaniker werden und später mal im Ausland arbeiten. Das sind erst mal langfristige Ziele, denn vorher müssen die beiden ja noch ihren Schulabschluss machen. Doch du hast sicher auch Ziele, die du schnell erreichen kannst. Beispielsweise eine gute Note in der nächsten Deutscharbeit, deinen eigenen Rekord im 800-Meter-Lauf oder beim Ferienjob Geld verdienen, um dir endlich dein Zimmer neu zu gestalten.

Ein Ziel ist ein erwünschter Zustand in der Zukunft, den du erreichen willst.

Welche Ziele können nun Unternehmen haben? Wie du schon weißt, haben Unternehmen das Ziel, möglichst viel Gewinn zu machen. Doch es gibt natürlich auch noch andere Ziele.

Ein Unternehmen kann wirtschaftliche Ziele haben, also Ziele, die direkt in Geld oder in anderen Mengeneinheiten wie Prozent gemessen werden können. Zum Beispiel:

Wirtschaftliche Ziele können aber auch sein:
- „Wir wollen zufriedene Kunden und verbessern deshalb unseren Kundenservice!"
- „Wir wollen unsere Produkte zukünftig auch im Ausland verkaufen!"

Ein Unternehmen kann aber auch soziale Ziele haben, nämlich indem es sich um seine Mitarbeiter sorgt:
- „Wir schaffen neue Arbeitsplätze im nächsten Jahr!"
- „Wir erhöhen die Löhne und Gehälter um 3 %!"

Das Gute an den sozialen Zielen ist: Sie wirken sich auch auf das Erreichen der wirtschaftlichen Ziele aus, denn die Mitarbeiter sind motivierter und leisten bessere Arbeit.

Dann gibt es noch Umweltziele:
- „Wir verwenden umweltfreundlicheres Verpackungsmaterial im nächsten Jahr, das recycelt werden kann!"
- „Wir verringern den Schadstoffausstoß um 30 %!"

Auch diese Ziele wirken sich auf die wirtschaftlichen Ziele, also letztendlich auf den Gewinn, aus. Warum? Schau dir mal das Beispiel an!

In den 80er Jahren verwendete McDonald's noch anderes Verpackungsmaterial für seine Burger. Diese Boxen aus Styropor, die die Umwelt extrem mehr belasteten als die heute verwendeten Recycling-Verpackungen aus Pappe und Papier, waren vielen Leuten natürlich irgendwann ein Dorn im Auge. Das Unternehmen reagierte und begann umweltfreundlichere Verpackungen zu verwenden. Das steigerte das Ansehen von McDonald's und die Leute wussten, dass sie hier ihre Burger kaufen können, ohne die Umwelt zu stark zu belasten. Allerdings natürlich nur, wenn die Verpackungen auch in den Mülleimer geworfen werden.

Bei McDonald's geht das gebrauchte Friteusenfett in die Wiederaufbereitung und wird zu Treibstoff.

Wenn Unternehmen hauptsächlich Gewinn machen wollen, was nützt es ihnen dann, sich den Umweltschutz als Ziel zu setzen?

Umweltschutz ist heutzutage ein wichtiges Thema. Zum einen gibt es Gesetze, die die Unternehmen dazu zwingen, bestimmte Umweltschutzrichtlinien einzuhalten. Zum anderen wollen Unternehmen auch Verantwortung für die Umwelt übernehmen. Gleichzeitig steigern sie damit ihr Ansehen in der Bevölkerung. Die Leute kaufen die Produkte somit lieber und häufiger, weil sie das Gefühl haben, dass sich das Unternehmen für die Umwelt engagiert. Das heißt: Auch damit kann das Unternehmen seinen Gewinn steigern.

Logo / Zeichen für Recycling:

Es kann natürlich sein, dass ein Unternehmen verschiedene Ziele verfolgt, die sich gegenseitig hemmen. So will die Leiterin des Friseurladens vielleicht die Kosten senken, während ihre Angestellten dafür sind, neue, schonendere Haarfärbemittel zu verwenden, die zwar doppelt soviel Geld kosten, aber die Zufriedenheit der Kunden erhöhen.

Das nennt man einen Zielkonflikt. Natürlich gibt es auch Zielharmonien. Und zwar dann, wenn sich zwei Ziele gegenseitig positiv beeinflussen. Das ist zum Beispiel der Fall, wenn die Leiterin des Friseurladens ihren Kundenkreis erweitern will und den Umsatz steigern möchte.

2.6 Wie schaffen es Unternehmen, Gewinn zu machen?

Du hast gesehen: Das Hauptziel eines Unternehmens ist es, erfolgreich zu sein und Gewinn zu machen. Aber wie schaffen das die Unternehmen? Sie können ja nicht einfach irgendein Produkt produzieren und es für einen x-beliebigen Preis auf den Markt werfen, frei nach dem Motto „Irgendwer wird's schon kaufen". Natürlich steckt hinter all dem ein System, und dieses nennt sich Marketing.

Grundsätzlich würde man sich gerne alles kaufen, was einem gefällt. Doch nicht jeder Wunsch, etwas zu besitzen, endet in einem Kauf, wie du sicher aus eigener Erfahrung weißt. Du hast beispielsweise Lust, dir ein neues Handy zu kaufen. In der Wirtschaft nennt man das „Bedürfnis". Es gibt natürlich noch viele andere Bedürfnisse. Beispielsweise das Bedürfnis nach einem Dach über dem Kopf, nach Kleidung, nach Freundschaften oder nach Discobesuchen. Doch nur die Bedürfnisse, für die du auch das nötige Kleingeld hast, kannst du auch wirklich befriedigen.

Hast du ein Bedürfnis und dazu das nötige Geld, dann entsteht der so genannte Bedarf. Sven hat zum Beispiel 150 € zu seinem Geburtstag bekommen und dieses Geld für ein neues Handy eingeplant. Somit hat er einen Bedarf nach einem Handy. Doch erst, wenn Sven tatsächlich in den Handy-Laden geht, um sich eines auszusuchen, entsteht die Nachfrage. Und natürlich will der Handy-Verkäufer, dass Sven bei ihm kauft.

Bedarf = Bedürfnis, für dessen Befriedigung Geld zur Verfügung steht.
Nachfrage = Konkrete Kaufabsicht.

Wie erfahren Unternehmen eigentlich, was die Kunden überhaupt wollen?

Um die Bedürfnisse der Kunden kennen zu lernen, gibt es die Marktforschung. Sicher wurdest du auch schon mal auf der Straße angesprochen, ob du an einer Befragung teilnehmen willst. Befragungen können unterschiedlich durchgeführt werden. Oft füllt man einen Fragebogen aus, du kannst aber auch von einem Interviewer befragt werden. Oder du erhältst verschiedene Produkte zum Testen und sollst sie beurteilen.

Um zu schauen, was auf dem Markt so passiert, welche Produkte die Konkurrenten verkaufen oder welche Trends es gerade gibt, kann ein Unternehmen auch einfach im Internet recherchieren, Testberichte lesen oder ähnliche Dinge. Das kostet viel weniger, kann oft aber auch nützliche Infos bieten. Eine richtige Kundenbefragung kann das allerdings nicht ersetzen.

Sven: Hey Jasmine, wie läuft's bei dir? Mir ist echt was Dummes passiert. Gestern ist mir mein Handy runtergefallen und jetzt ist es total im Eimer. Ich brauch unbedingt ein Neues, damit ich wieder erreichbar bin. (**Bedürfnis**)

Jasmine: Ich kenn da einen neuen Handyladen, wollen wir mal hin gehen? Die haben wohl zurzeit ganz gute Angebote.

Sven: Super. Denn ich hab' noch Geld von meinem Geburtstag übrig. Ganze 150 €. (**Bedarf**) Und vielleicht krieg ich ja sogar was Billigeres.

Jasmine: O.k. Dann gehen wir doch gleich los.

*Kurze Zeit später stehen Jasmine und Sven im Handyladen und Sven lässt sich von dem Verkäufer beraten (**Nachfrage**).*

Über Angebot und Nachfrage bestimmt sich der Preis für ein Produkt. Noch vor dem Zweiten Weltkrieg war es jedoch so, dass die Unternehmen, also die Anbieter, den Preis für ihre Waren festlegen konnten. Denn es gab noch kein so großes Warenangebot wie heute. Während du heute vor einem Regal mit 50 verschiedenen Haarshampoos oder Duschgels im Drogeriemarkt stehst und dich vielleicht gar nicht mehr entscheiden kannst, hättest du vor 60 Jahren vielleicht gerade mal die Auswahl zwischen drei verschiedenen Produkten gehabt.

Da die Anbieter früher eine so starke Stellung hatten, nannte man diesen Markt auch **Anbietermarkt**. Doch heute reißen sich die Unternehmen um die Kunden. Immerhin muss ein Shampoo-Hersteller ja von Glück reden, wenn genau sein Shampoo aus den 50 verschiedenen Shampoo-Flaschen ausgesucht wird, die nebeneinander im Regal stehen. Er muss sich also so gut wie möglich an deinen Bedürfnissen orientieren. Das heißt: Das Shampoo muss die Qualität haben, die du erwartest und es muss einen angemessenen Preis haben. Heute haben wir einen **Nachfragemarkt**. Denn die Unternehmen können nicht einfach ins Blaue produzieren. Allein du, als Käufer, entscheidest, welches Produkt tatsächlich gekauft wird.

Weiß ein Unternehmen, was die Kunden wollen, dann kann es die passenden Produkte produzieren. Denn es will ja möglichst viel verkaufen, um möglichst viel Gewinn zu machen. Das können neuartige Produkte sein, die noch kein anderes Unternehmen verkauft. Aber auch die Produkte, die ein Unternehmen im Programm hat, müssen immer wieder überarbeitet werden. Denn die Mode und die Wünsche der Kunden ändern sich. So kann es schon reichen, wenn der Handy-Hersteller einfach die Form oder Farbe des Handys ändert, damit dieses häufiger gekauft wird.

Oder der Shampoo-Hersteller bietet nicht mehr nur Shampoo gegen Schuppen, gegen trockenes und gegen fettiges Haar an, sondern auch eines gegen krauses Haar. So kann er sein Produktprogramm vergrößern, indem er die bestehenden Produkte nur ein bisschen abändert. Er könnte aber auch ganz neue Produkte anbieten, die mit seinem restlichen Produktprogramm gar nichts zu tun haben. Das siehst du am Beispiel der Kalle GmbH in Wiesbaden. Dort werden nämlich zum einen Schwammtücher zum Putzen produziert, aber auch Wursthüllen.

Naja, und wenn gar nichts mehr hilft und ein Produkt nicht mehr gekauft wird, dann muss es letztendlich doch aus dem Programm genommen werden.

Doch nur weil die Kunden ein bestimmtes Produkt haben wollen, heißt es noch nicht unbedingt, dass sie es auch kaufen (können). Denn der Preis muss auch stimmen. Sven würde sich sein Wunsch-Handy sicher nicht kaufen, wenn es 1.000 € kosten würde.

Wie legen Unternehmen eigentlich ihre Preise fest?

Um den Preis für ein Produkt festzulegen, gibt es verschiedene Möglichkeiten. Meistens ist es so, dass die Unternehmen die Kosten für ein Produkt (zum Beispiel Materialkosten, Löhne und Gehälter) ausrechnen und dann einfach noch was aufschlagen. Denn nur die Einnahmen, die über den Kosten liegen, sind natürlich Gewinn. Entstehen für ein Fahrrad zum Beispiel 80 € Kosten, dann kann der Hersteller nochmal 50 % aufschlagen, also 40 €. Der Fahrradhändler kauft es also für 120 € beim Hersteller. Der will aber auch was verdienen und verlangt das Doppelte. Das heißt, du kaufst das Fahrrad dann für 240 € im Laden.

Falls ein Unternehmen viele Konkurrenten hat, kann es sich auch an deren Preis orientieren. Liegt zum Beispiel der durchschnittliche Preis für ein Skateboard bei 70 €, ein Hersteller hat aber nur 10 € Kosten, weil er vielleicht besonders günstig das Material einkauft, dann könnte er trotzdem ebenfalls 70 € verlangen, ohne dass irgendein Kunde den Preis zu hoch finden würde. Dadurch hätte er natürlich noch mehr Gewinn.

Dann kann sich das Unternehmen noch nach dem Preis richten, den die Kunden zu zahlen bereit sind. Ein Autohersteller kann im Sommer beispielsweise mehr Geld für ein Cabrio verlangen als im Winter. Denn im Sommer wollen manche Leute unbedingt mit offenem Dach fahren und zahlen deshalb auch mal ein bisschen mehr dafür.

Ein Unternehmen muss sich auch grundsätzlich überlegen, ob es hohe oder niedrige Preise verlangen will. Die Firma Rolex beispielsweise verkauft nur teure Uhren, die sich ausschließlich Leute mit viel Geld leisten können. Bei der Firma Swatch kann sich jedoch fast jeder eine Uhr kaufen, da die Preise bezahlbar sind. Wenn ein Unternehmen viel verkaufen will, dann senkt es die Preise für kurze Zeit und macht Werbung für seine Waren. Denn dann kaufen ziemlich viele Leute die Produkte, weil sie damit ein Schnäppchen machen können.

Warum machen Unternehmen Werbung?

Und damit sind wir beim nächsten Punkt, der Werbung. Denn ein Unternehmen muss Werbung machen, damit die Leute überhaupt wissen, dass es ein bestimmtes Produkt gibt oder dass sie sich wieder an dieses erinnern. Du kennst ja die verschiedenen Arten der Werbung – zum Beispiel: Zeitungsanzeigen, Fernsehspots, Internet, Werbebanner und Plakate.

Neben der Werbung gibt es aber noch andere Möglichkeiten, wie ein Unternehmen sich und seine Produkte bekannt machen kann, um mehr davon zu verkaufen. Bestimmt wurdest du schon mal im Supermarkt angesprochen, ob du einen neuen Joghurt probieren willst oder dir wurde an der Kasse im Drogeriemarkt eine Shampoo-Probe mitgegeben. Vielleicht hast du dann beim nächsten Einkauf das Shampoo gekauft. Dann hat die Maßnahme gewirkt.

Und dann will ein Unternehmen natürlich auch gut dastehen. Denn wenn du ein Unternehmen richtig gut findest, dann kaufst du auch lieber dessen Produkte. Die Unternehmen geben sich auch Mühe, damit positiv über sie in der Zeitung berichtet wird. Sie versorgen die Zeitungen deshalb immer mit genügend Informationen oder sie machen einen Tag der offenen Tür, zu dem viele Besucher kommen.

Damit ein Unternehmen immer in den Köpfen der Kunden bleibt, kann es auch Vereine oder Sportler sponsern. Die Sportler bekommen Geld von einem Unternehmen, dafür tragen sie zum Beispiel eine Kappe mit dem Unternehmenslogo. Sicher kennst du das Sponsoring auch von Fußballtrikots, auf der nächsten Seite siehst du eins.

Die Deutsche Telekom ist Trikotsponsor des 1. FC Bayern München. Der Sponsor wechselt regelmäßig, in früheren Jahren war es zum Beispiel der Autohersteller Opel.

Beim SV Wehen Wiesbaden ist zur Zeit die BRITA GmbH aus Taunusstein der Hauptsponsor, die Spieler tragen ein Trikot mit dem Logo eines Produkts von BRITA.

Zu guter Letzt muss sich ein Unternehmen noch Gedanken machen, wie und wo es die Produkte, die es herstellt, verkauft. Es kann seine Waren direkt an die Verbraucher verkaufen, zum Beispiel über das Internet, über Kataloge, über Fabrikverkauf oder über Vertreter. Es kann die Produkte aber auch an den Handel weiterverkaufen, der dann nochmal daran verdient.

3. Der Markt

Sven:	Hi Jasmine, ich hab' mir doch das I-Put XS Handy für 199 € gekauft. Aber jetzt könnte ich mich Grün und Blau ärgern.
Jasmine:	Wieso? Ist es schon kaputt?
Sven:	Nein, das nicht. Ich habe es in einem Katalog für 169 € gesehen, 30 € billiger. Und nicht nur das! Im Internet gibt es das gleiche Ding schon für 129 €.
Jasmine:	So ein Mist, wieso kostet es denn nicht überall gleich?

Im Gespräch zwischen Jasmine und Sven werden verschiedene Märkte angesprochen. Der Markt ist der Ort, wo Angebot und Nachfrage aufeinandertreffen, das kann zum Beispiel der Handy-Shop sein, aber auch ein Katalog oder das Internet. Der Markt ist also nicht an einen bestimmten Ort gebunden. Alle Produkte wie Essen, Klamotten, Zeitschriften und Fahrräder kaufst du auf dem so genannten Waren- und Konsumgütermarkt. Handelt es sich nicht um Waren, sondern um Dienstleistungen, beispielsweise das Haareschneiden beim Friseur, das Reparieren deines Fahrrades oder die Untersuchung beim Zahnarzt, dann spricht man vom Dienstleistungsmarkt.

3.1 Marktformen

Auf dem Markt versuchen die Anbieter ihre Waren zu einem möglichst hohen Preis zu verkaufen, und die Nachfrager wollen zu einem möglichst niedrigen Preis kaufen – so die Theorie. Gibt es viele Anbieter und viele Nachfrager, so nennt man dies ein **Polypol**. Das ist bei den meisten Produkten des täglichen Bedarfs der Fall. Im Supermarkt kannst du zwischen Schokoriegeln verschiedener Unternehmen wählen, die einen ähnlichen Preis haben. Viele Menschen kaufen sich Schokolade, daher käme kein Unternehmen auf die Idee, seinen Preis einfach zu verdoppeln, da sonst die Schokolade von anderen Anbietern gekauft würde.

Bei einigen Produkten gibt es jedoch nur wenige oder sogar nur einen Anbieter. Stell dir vor, du möchtest einen Freund in Köln besuchen und kannst nur mit dem Zug fahren. Hierfür kannst du nun nicht einfach zwischen verschiedenen Unternehmen auswählen, die Fahrkarten anbieten. Es gibt nur ein Unternehmen, nämlich die Deutsche Bahn AG. Du hast damit keine Möglichkeit dir das preiswerteste Angebot von verschiedenen Anbietern auszusuchen. Gibt es nur ein Unternehmen, bei dem Verbraucher etwas kaufen können, so nennt man das ein **Monopol**.

Auch wenn die Bahn für die meisten Zugfahrten ein Monopol hat, so lohnt es sich trotzdem, dass du dich genau nach den Preisen erkundigst. Denn für die gleiche Fahrstrecke gibt es auch von der Bahn unterschiedliche Tarife.
So gibt es zum Beispiel einen Frühbucherrabatt: Wenn du schon Monate vorher die Fahrkarte kaufst, ist sie billiger, als wenn du sie erst am Tag der Fahrt kaufst.
Wochenend-Tickets: Für viele Gegenden bietet die Bahn ein Ticket an, mit dem du das ganze Wochenende fahren kannst (also zum Beispiel am Samstag von Wiesbaden nach Köln und am Sonntag wieder zurück).
Es lohnt sich also, bei den Preisen immer genau hinzusehen.

Allerdings gibt es nur in den wenigsten Bereichen ein echtes Monopol. Bei unserem Beispiel mit der Fahrkarte hättest du ja immer noch die Möglichkeit, mit dem Reisebus nach Köln zu fahren.

ICE 3, Baureihe 403

Eine weitere Marktform ist das **Oligopol**. Hier stehen wenige Unternehmen vielen Nachfragern gegenüber. Mit dieser Marktform haben deine Eltern immer zu tun, wenn sie zum Tanken an die Tankstelle fahren, denn der Markt für Benzin und Diesel wird beherrscht von einigen wenigen Anbietern. Bei dieser Marktform besteht immer das Risiko, dass die Anbieter die Preise absprechen und damit ein Monopol schaffen. Das bedeutet, dass der Verbraucher nicht zwischen verschiedenen Angeboten auswählen kann, sondern an jeder Tankstelle immer den gleichen Preis bezahlen muss. Preisabsprachen sind übrigens vom Staat verboten.

Anhand folgender Produkte kannst du dir die Marktformen merken:

Polypol → Schokolade: Viele Unternehmen bieten Schokolade an, viele Menschen kaufen sie.

Oligopol → Benzin: Wenige große Unternehmen bieten Benzin an Tankstellen an (BP, Aral, Shell, ...), alle Autofahrer müssen Benzin kaufen.

Monopol → Fahrkarte: Für eine Zugfahrt kannst du (meistens) nicht zwischen verschiedenen Anbietern wählen.

Fakten Deutsche Bahn AG:

Die Deutsche Bahn AG befördert täglich fünf Millionen Fahrgäste und eine Million Tonnen Güter. Das Unternehmen hat knapp 280.000 Mitarbeiter.

Für dich kann die Bahn auch als Ausbildungsunternehmen in Frage kommen, dort lernst du Berufe kennen, von denen du vielleicht noch nie gehört hast, zum Beispiel Gleisbauer oder Eisenbahner. Die Bahn bietet über 25 verschiedene Ausbildungsberufe an.

3.2 Die Preisbildung auf dem Markt

Das neueste Handy ist auf dem Markt – alle wollen es haben und es ist teuer. Doch nach einigen Monaten ist das Handy schon viel billiger – obwohl es doch weiterhin gut ist und allen möglichen Schnickschnack bietet. Warum ist das so?

Der Preis bildet sich ganz einfach durch Angebot und Nachfrage. Alle wollen das neueste Handy haben, also verlangt das schlaue Unternehmen, das Geld verdienen möchte, einen hohen Preis. Nach einigen Monaten ist das Handy nicht mehr so gefragt, weil die Konkurrenz bereits neue Produkte erfunden hat – also kann das Handy nur noch verkauft werden, wenn es billiger angeboten wird. Dies ist bei den meisten Produkten so. Stell dir vor, dass das Trinkwasser knapp wird und es gibt nur noch einen Supermarkt in der Stadt. Normalerweise kostet ein Liter Mineralwasser 0,50 €. Da nun alle in den Laden kommen, um Wasser zu kaufen, kann der Supermarkt das Wasser auch für 5 € pro Liter verkaufen, was unter normalen Umständen kein Mensch dafür bezahlen würde.

Ein Markt funktioniert also danach, wie viel die Menschen bereit sind, für die angebotenen Waren zu bezahlen. Marktwirtschaft bedeutet dann, dass die Unternehmen frei sind zu entscheiden, welche Waren sie zu welchem Preis anbieten. Die Verbraucher sind ebenso frei in ihrer Entscheidung, welche Waren sie kaufen. Der Preis bildet sich letztlich danach, wie begehrt ein Produkt bei den Kunden ist.

Wie ein Markt funktioniert lässt sich gut bei Ebay erkennen:

Du willst dein Rennrad auf Ebay verkaufen, du hast keine genaue Vorstellung, wie viel Geld du verlangen könntest. Du möchtest aber mindestens 100 € dafür haben und stellst es für einen Startpreis von 100 € in das Internet. Das Rennrad ist noch in gutem Zustand, viele Ebay-Nutzer schauen sich dein Angebot an und beginnen, Gebote abzugeben. Am Rechner verfolgst du, wie der Preis deines Rades immer weiter steigt, am letzten Tag der Auktion ist es soweit, der Endpreis liegt bei unglaublichen 290 €, soviel hättest du nie erwartet!

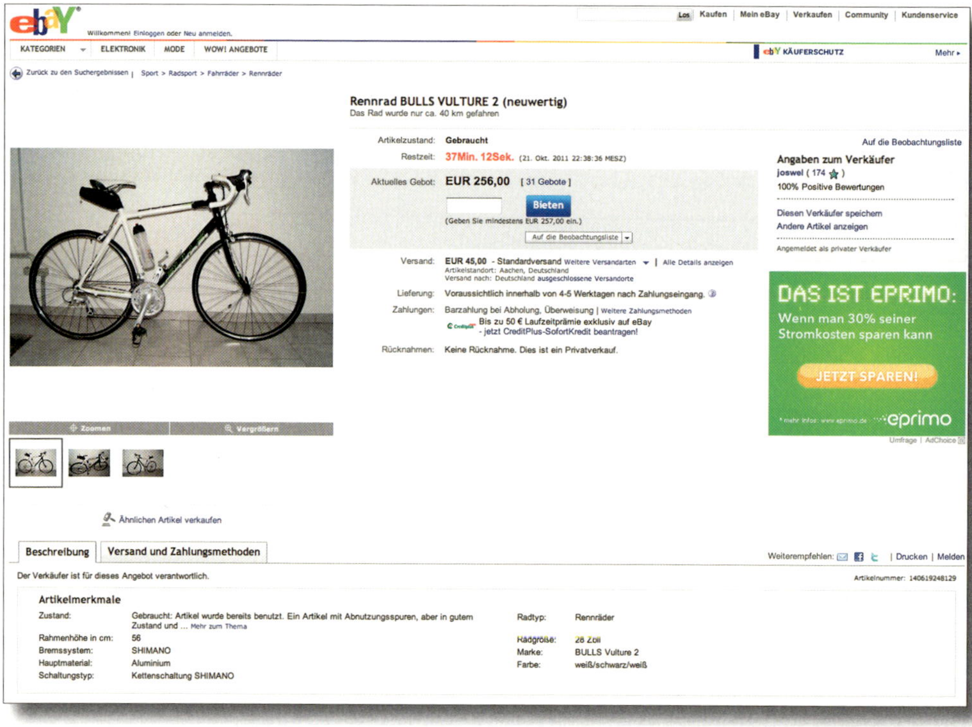

Stell dir vor, deine Lieblingsband gibt in Wiesbaden ein Konzert. Deren Management überlegt genau, wie hoch der Preis für eine Konzertkarte sein darf, damit möglichst viele Personen kommen. Als Preis für eine Eintrittskarte werden 60 € festgelegt. Das ist viel Geld, aber viele Jugendliche sind bereit, das Geld zu zahlen. Es kommt sogar soweit, dass das Konzert ausverkauft ist. Vor der Konzerthalle stehen dann noch private Kartenverkäufer, sie verlangen 100 € für die Karte. Manchen Fans, die noch keine Karten haben, ist dies zu teuer, sie bleiben draußen. Es gibt jedoch ein paar Fans, die sogar bereit sind, 100 € auszugeben.

Kurz vor Konzertbeginn werden die privaten Kartenverkäufer nervös, sie haben immer noch Karten, die sie für 100 € nicht losschlagen konnten. Sie laufen zwischen den wartenden Fans herum und handeln mit ihnen Preise aus, um die Karten verkaufen zu können. Kurz vor Konzertbeginn oder während des laufenden Konzertes werden die Karten dann deutlich billiger verkauft.

Schlachthof Wiesbaden, vor einem Konzert

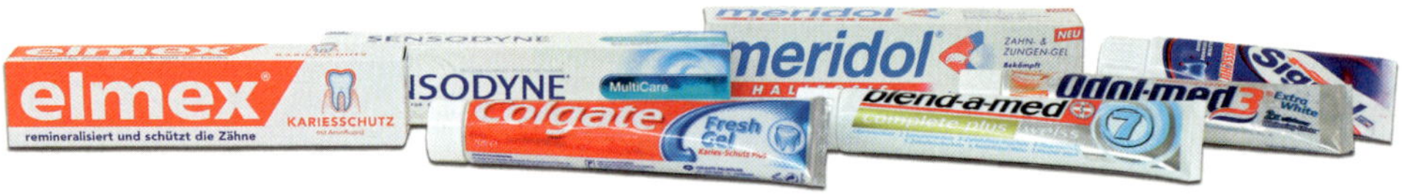

Die Preise im Supermarkt sind doch festgelegt, wie sollen sich die Verbraucher da frei entscheiden können?

Ja, im Supermarkt funktioniert es nicht so wie bei Ebay, dass die Kunden zum Beispiel für eine Tube Zahnpasta ihre Gebote abgeben. Die Geschäftsleitung des Supermarktes oder der Supermarktkette hat den Preis festgelegt, doch wenn du genau in das Regal schaust, siehst du verschiedene Angebote. Eine Tube mit Pfefferminzgeschmack für 0,99 €, eine Tube für weiße Zähne für 1,29 € oder eine Tube für Kinder für 1,49 €. Der Markt hat hier schon reagiert und für die verschiedenen Wünsche der Kunden Produkte bereitgestellt.

Verkauft sich eine Ware trotzdem schlecht, überlegt die Geschäftsleitung, ob der Preis zu hoch ist und setzt ihn herunter. Verkauft sich das Produkt dann immer noch nicht, liegt es vielleicht an der Qualität und das Produkt wird aus dem Programm genommen.

3.3 Der Staat greift in den Markt ein

Schon im ersten Kapitel hast du gelernt, dass bei uns eine soziale Marktwirtschaft herrscht. Das heißt also, der Staat greift in das Wirtschaftsgeschehen ein. Die Anbieter können also nicht machen, was sie wollen. Beispielsweise will der Staat nicht, dass die Anbieter eine zu starke Stellung bekommen und die Gesellschaft darunter leiden muss. Deshalb versucht er, Monopole oder Kartelle möglichst zu verhindern. Ein Kartell entsteht, wenn sich mehrere Unternehmen zusammenschließen, um ihre Marktmacht zu verstärken. Dabei bleiben zwar die einzelnen Unternehmen wirtschaftlich selbstständig, doch sie wollen ein Monopol bilden. Deshalb ist es den großen Unternehmen, die Benzin an Tankstellen verkaufen, verboten, hierfür einen Preis abzusprechen. Der Staat möchte bewusst Konkurrenz haben. Konkurrenz heißt, dass mindestens zwei Unternehmen Angebote machen und die Kunden daraus auswählen können.

Um die Bürger zu schützen, greift der Staat jedoch auch anderweitig in die Marktwirtschaft ein. Zum Beispiel über Gesetze, die es Unternehmen verbieten, ihre Waren bestimmten Kunden anzubieten. Zum Schutz von Jugendlichen und Kindern ist zum Beispiel der Verkauf von Zigaretten an unter 18-Jährige verboten. Natürlich sind Zigaretten auch für Erwachsene sehr gesundheitsschädlich, aber wenn Raucher schon im Jugendalter anfangen, so sind die Folgen wie – Krebs – noch viel schlimmer. Es gibt weitere zahlreiche Gesetze, die dem Schutz der Verbraucher dienen.

In Zigaretten ist Nikotin enthalten. Nikotin regt den Körper eines Rauchers an, weil es bestimmte Stoffe im Gehirn aktiviert. Der Körper gewöhnt sich an diesen Konsum, weshalb er einen Mangel verspürt, sobald die Menge Nikotin im Körper absinkt. Der Raucher greift zur nächsten Zigarette, um diesen Mangel zu beheben. Gleichzeitig gewöhnt der Raucher sich im Alltag daran, dass die Zigarette in vielen Situationen (Autofahren, zum Kaffee, nach dem Essen) dazugehört, es entsteht ein Alltagsmuster. Ist der Raucher erst einmal süchtig, ist es hart, davon wieder loszukommen. Viele Erwachsene versuchen alles Mögliche (Hypnose, Suchttherapie, Raucherpflaster), um wieder Nichtraucher zu werden.

Hat jemand große Probleme mit einem Unternehmen, so können Verbraucherschutzzentralen mit Beratung helfen. In Wiesbaden gibt es auch eine Beratungsstelle in der Luisenstrasse 19.

TIPP

Wo regelt der Staat mit? – Beispiel Fitnessstudio

Bist du Mitglied in einem Fitnessstudio oder hast es vielleicht vor? Für die Verträge mit Fitness-Centern gab es früher keine klaren Regelungen: Die Studios wollten ihre Kunden natürlich möglichst lange an sich binden, zudem sollten sie nur die teuren Getränke im Studio kaufen. Der Staat hat mit einer Reihe von Gerichtsurteilen dem wilden Treiben ein Ende gesetzt:

- Ein erstmalig abgeschlossener Vertrag darf maximal eine Laufzeit von zwei Jahren haben (gilt auch für Handy-Verträge).
- Verträge dürfen sich nie mehr als 12 Monate automatisch verlängern.
- Das Mitbringen eigener Getränke ist erlaubt. Es kann den Kunden nicht zugemutet werden, dass sie beim Sport immer die teuren Getränke im Studio kaufen müssen. Eigene Getränke können vom Studio verboten werden, wenn es die Getränke sehr günstig anbietet, zum Beispiel ein Liter Mineralwasser für 1 €.

Der Staat hat also in das freie Marktgeschehen zwischen Fitnessstudios und Verbrauchern eingegriffen und die Vertragsgestaltung geregelt.

Der Staat regelt auch im Studio mit.

4. Der Staat und die Volkswirtschaft

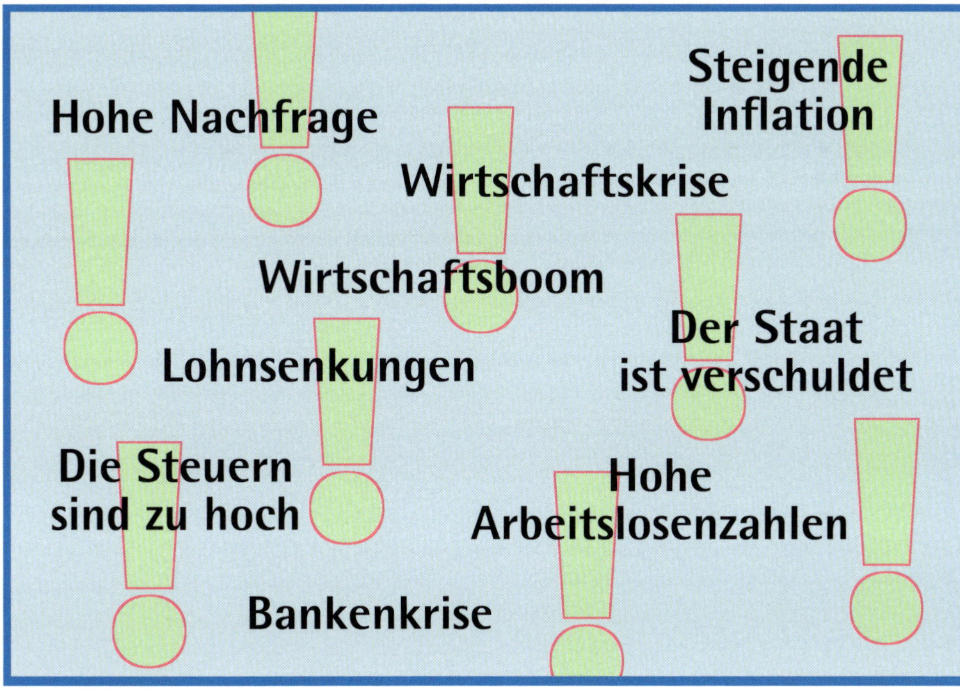

Volkswirtschaft:
Alle Unternehmen, Haushalte (Privatpersonen) und der Staat.

In den vorigen Kapiteln haben wir uns angeschaut, wie sich einzelne Unternehmen verhalten, wie sie zum Beispiel ihre Preise festlegen oder wie sie Werbung für ihre Produkte machen. In diesem Kapitel erfährst du, wie die gesamte Wirtschaft eines Staates funktioniert. Dabei werden nicht nur Unternehmen betrachtet, sondern auch die Privathaushalte oder der Staat. Dies zusammen bezeichnet man als Volkswirtschaft.

Wer ist eigentlich der Staat?

In der Demokratie besteht der Staat aus all seinen Bürgern. Damit eine Gemeinschaft aus vielen Menschen funktionieren kann, muss es eine bestimmte Ordnung geben. In dieser Ordnung sind dazu viele Einrichtungen notwendig. Das sind zum Beispiel Parlamente, mit ihren Politikern, die Verwaltung und die Gerichte.

Der Wohlstand, also wie reich ein Land ist, hängt von der gesamten Volkswirtschaft ab. Geht es den Unternehmen gut, weil sie Gewinne machen, dann geht es auch dem Staat gut, da er mehr Steuern einnimmt. Aber es geht auch den Menschen gut, denn sie können in den Unternehmen mehr Geld verdienen. Und nicht nur das. Nimmt der Staat mehr Steuern ein, dann hat er auch mehr Geld, um gute Schulen zu bauen und Krankenhäuser einzurichten. Du merkst, irgendwie hängt alles mit allem zusammen. Damit du dir das besser vorstellen kannst, beginnen wir mit dem einfachen Wirtschaftskreislauf.

4.1 Der einfache Wirtschaftskreislauf

Wie du schon aus den vorigen Kapiteln weißt, sind viele Menschen und Unternehmen an der Herstellung und dem Verkauf eines Produktes beteiligt, bevor es letztendlich bei dir zu Hause landet. Dieser Ort wird auch als Privathaushalt bezeichnet. Die Privathaushalte und die Unternehmen sind in einem Kreislauf miteinander verbunden, denn die einen können nicht ohne die anderen existieren. Warum?

Da sind zum einen die Unternehmen, die Produkte herstellen und Dienstleistungen anbieten, um sie an die Privathaushalte zu verkaufen. Dafür bekommen sie Geld von den Privathaushalten. Die Käufer haben jedoch nur Geld, weil sie in Unternehmen arbeiten und dafür Lohn oder Gehalt beziehen. Dieses bekommen sie, weil sie in den Unternehmen bei der Herstellung und dem Verkauf der Produkte helfen. Dies kann im so genannten „einfachen Wirtschaftskreislauf" dargestellt werden. Der einfache Wirtschaftskreislauf erklärt, wie Privathaushalte und Unternehmen zusammenspielen. Allerdings ist er nur eine vereinfachte Darstellung einer Volkswirtschaft.

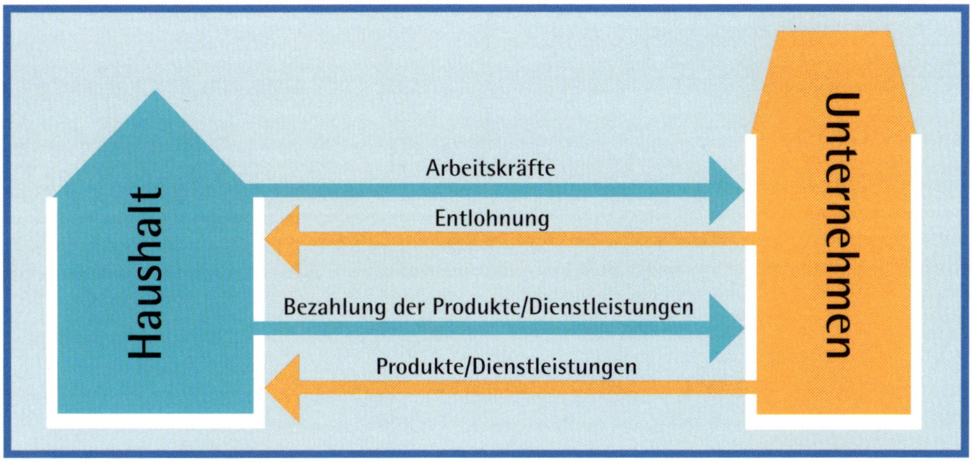

Der einfache Wirtschaftskreislauf

Eine vereinfachte Darstellung von etwas nennt man auch Modell. Ein Modell ist immer dazu da, etwas Kompliziertes einfach darzustellen, um es besser verstehen zu können. Der einfache Wirtschaftskreislauf ist ein Modell, die Wirklichkeit ist wesentlich komplizierter. Aber anhand des Modells kann man bereits vieles erklären, was in der Wirtschaft passiert.

Jasmine: Du Sven, ich habe gerade die Zeitung gelesen. Unternehmen machen immer mehr Gewinne. Ich finde das echt fies, die Menschen haben immer weniger Geld, aber die Unternehmen schaufeln Kohle ohne Ende.

Sven: Hm. Also mein Dad freut sich, dass es in seiner Firma so gut läuft. Gestern Abend hat er erzählt, dass er einen Bonus bekommt, weil die Firma so ein gutes Geschäftsjahr hatte.

Jasmine: Was ist ein Bonus?

Sven: Er bekommt eine Belohnung, 3.000 € oder so hat er gesagt. Und zwar deshalb, weil die Firma so hohe Gewinne gemacht hat.

Jasmine: Ah, das ist ja toll, dann haben die Leute, die da arbeiten, nämlich auch was davon!

Sven: Ja, aber das war nicht immer so. Vor einiger Zeit gab es doch diese Wirtschaftskrise, da musste mein Dad sogar Angst haben, dass er seinen Job verliert. Ich weiß noch, wie meine Mutter immer ganz besorgt mit meiner Oma telefoniert hat.

Jasmine: Das habe ich von meinen Eltern auch schon gehört. Meine Mutter muss sogar ständig Überstunden machen, weil sie so viel zu tun haben. Von dem Überstundengeld sind wir letztes Jahr sogar in Urlaub gefahren – in die Türkei, das war super.

Sven: Also können wir doch froh sein, wenn Unternehmen viel Geld verdienen.

Jasmine: Ja, irgendwie hängt da alles zusammen.

4.2 Die Rolle der Banken in der Volkswirtschaft

Eben hast du durch ein einfaches Modell gesehen, wie sich Haushalte und Unternehmen in einer Volkswirtschaft verhalten. Schauen wir in die Realität, so gibt es dort natürlich nicht nur Privathaushalte und Unternehmen, sondern auch die Banken spielen eine wichtige Rolle. Privathaushalte verdienen im einfachen Wirtschaftskreislauf ihr Geld in Unternehmen, das sie dann wieder für Produkte ausgeben. Du weißt bestimmt von deinen Eltern, dass sie nicht immer ihr ganzes Geld sofort wieder ausgeben, sondern einen Teil davon sparen. Das machen sie, um sich den nächsten Urlaub oder ein neues Auto leisten zu können. Sparen heißt, sie geben ihr Einkommen nicht sofort wieder aus, sondern bringen einen Teil davon zur Bank.

Die Banken sammeln das gesparte Geld und bewahren es sicher auf. Doch das ist nicht die einzige Aufgabe der Bank. Das gesparte Geld verleiht die Bank an die Unternehmen, damit diese zum Beispiel wieder neue Maschinen kaufen können. Im Wirtschaftskreislauf sieht dies dann so aus:

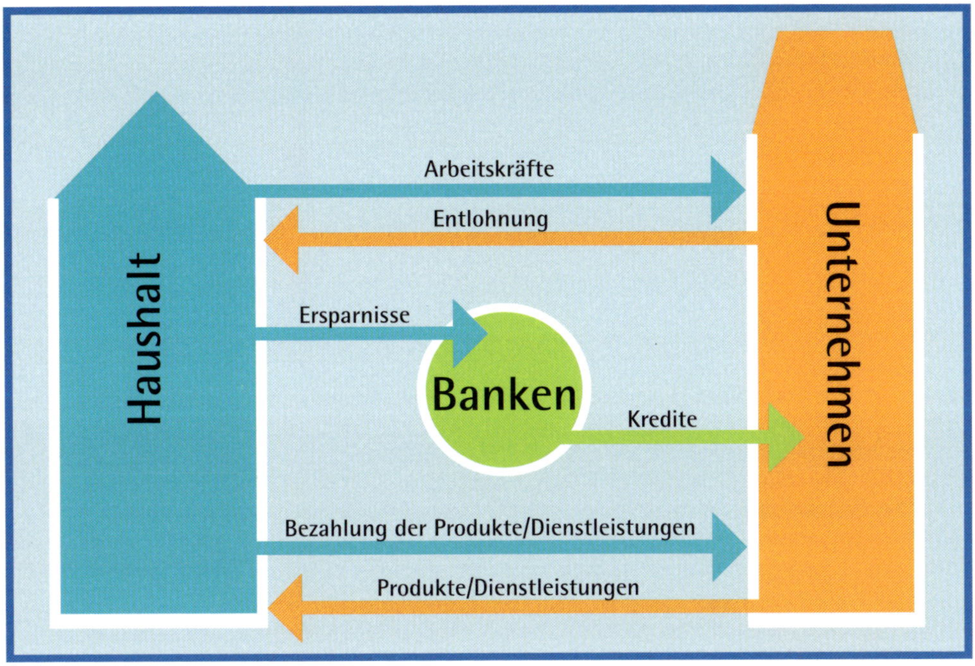

Aufgabe der Bank im Wirtschaftskreislauf

Was ist mit meinem Geld, wenn meine Bank pleite ginge?

Das Geld, das man als Privatperson angespart hat, ist bei der Bank sicher, auch wenn diese pleite ginge. Die Banken haben hierfür ein Versicherungssystem aufgebaut, so dass die Kunden ihre Ersparnisse in jedem Fall zurückbekommen.

Wie verdienen Banken dann ihr Geld?

Banken verdienen ihr Geld damit, dass sie für das Geld, das sie verleihen (also für die Kredite) einen bestimmten Preis verlangen. Dieser Preis nennt sich Kreditzins. Und so funktioniert es: Du legst auf deinem Sparbuch 500 € an, dafür bekommst du von der Bank Zinsen von 1 % im Jahr, das heißt, die Bank bezahlt dir 5 € dafür, dass du das Geld bei ihr lässt. Die 500 € kann die Bank als Kredit weitergeben, dafür berechnet sie einen Kreditzins von 5 %. Sie bekommt also vom Schuldner 25 €. Die Bank hat damit mit deinen 500 € Einnahmen von 20 € erzielt. Allerdings muss sie natürlich auch die Mitarbeiter und die Räumlichkeiten bezahlen.

Was ist eigentlich die Bankenkrise?

In der Zeitung oder in den letzten Jahren hast du vielleicht schon oft das Wort „Bankenkrise" gehört. Damit ist gemeint, dass es vielen Banken schlecht geht, weil sie in großen Mengen Geld an Privatpersonen oder Staaten verliehen haben, ohne genau zu prüfen, ob diese den Kredit auch zurückbezahlen können. Besonders in den USA wurde viel Geld für den Hauskauf verliehen, das die Schuldner nicht zurückbezahlen konnten.

4.3 Die Rolle des Staates in der Volkswirtschaft

Jasmine:	Hi Sven, schau mal, da drüben steht das Auto von meinem Vater, das hat richtig Speed.
Sven:	Wow, das ist ja sogar ein Cabrio. Wann hat er das denn gekauft? Ihr hattet doch so eine alte Karre.
Jasmine:	Das ist schon länger her, mein Vater hat unser altes Auto verschrotten lassen und dafür vom Staat noch 2.500 € kassiert.
Sven:	Wieso zahlt denn der Staat Geld, damit jemand sein Auto verschrotten lässt?
Jasmine:	So genau weiß ich das auch nicht, aber man wollte damit die Wirtschaft ankurbeln.
Sven:	Indem man Autos zum Schrottplatz bringt?
Jasmine:	Nein, das Geld gab es nur, wenn man sich auch gleich wieder ein neues Auto kauft. Damit die Autohersteller auch richtig viel produzieren können.
Sven:	Das muss ich gleich meinem Dad sagen, dann kann er sich auch ein Cabrio kaufen.
Jasmine:	Ich glaube das Geld gibt es jetzt nicht mehr, das war nur für kurze Zeit, als es der Wirtschaft mal schlecht ging.

Der Staat spielt eine wichtige Rolle in der Volkswirtschaft und ist ebenfalls an dem Kreislauf beteiligt. Einerseits zahlt er den Privathaushalten Geld, zum Beispiel Gehälter für Staatsbedienstete, Arbeitslosengeld, Kindergeld und Wohngeld. Andererseits erhält der Staat auch Steuern von den Privathaushalten und den Unternehmen. Er unterstützt jedoch auch die Unternehmen, indem er von ihnen ebenfalls Produkte oder Dienstleistungen kauft.

Damit der Staat zum Beispiel seine Polizisten und Lehrer bezahlen kann, braucht er Geld. Dieses Geld bekommt er, indem er Steuern erhebt. Steuern zahlen die Privathaushalte genauso wie die Unternehmen. Der Staat leistet aber auch viel. Er bietet zum einen Arbeitsplätze (Verwaltung, Polizei, Lehrer, Universität), die für eine stabile Gesellschaft, gute Bildung und Sicherheit sorgen. Zum anderen hilft er vielen Menschen, die durch eigene Kraft nicht für sich sorgen können (zum Beispiel mit Hartz IV) und sorgt damit für einen sozialen Ausgleich. Er ist für Unternehmen ein wichtiger Geschäftspartner. Insbesondere für die Bauwirtschaft ist der Staat ein guter Kunde.

Straßenbau, Kompaktasphalteinbau

Im Wirtschaftskreislauf lässt sich die Funktion des Staates folgendermaßen darstellen:

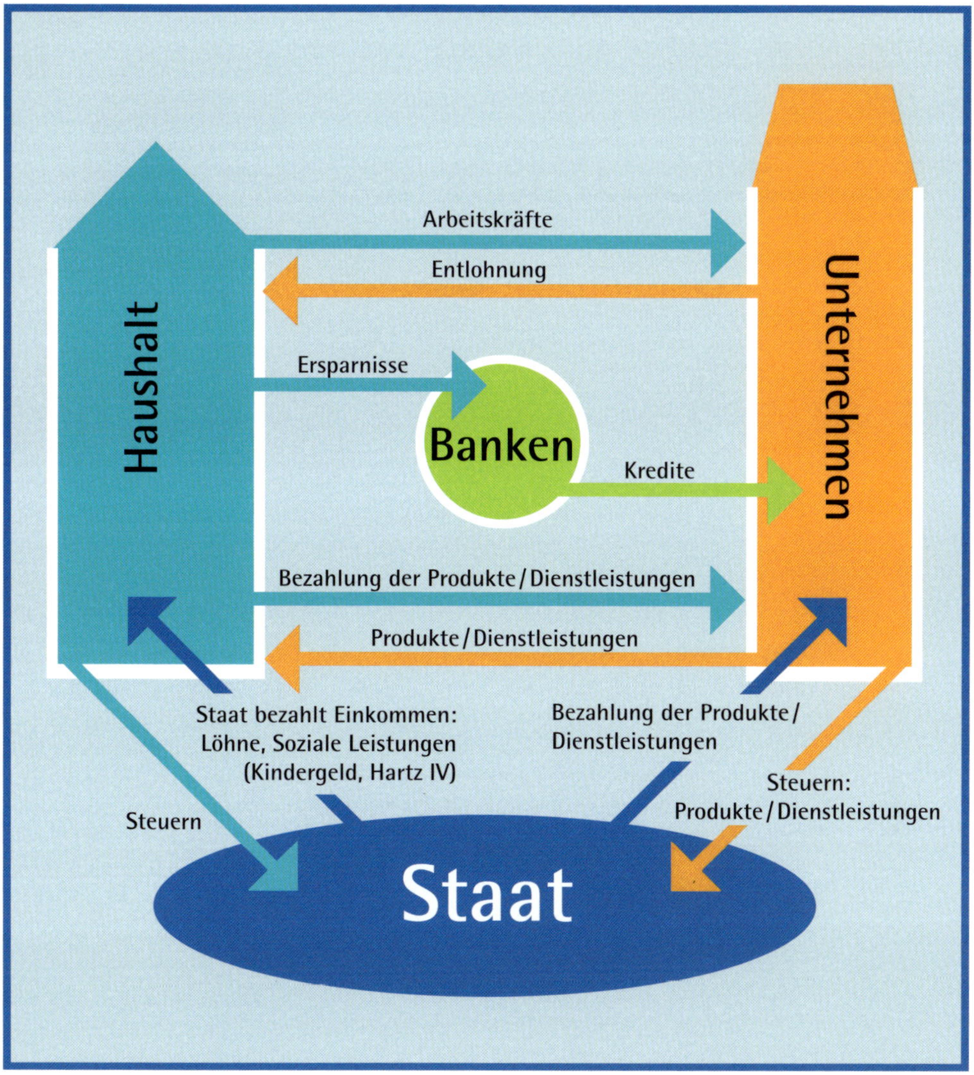

Der Staat im Wirtschaftskreislauf

4.4 Der Staat und die Steuern

Sven:	Hi Jasmine, du siehst so happy aus, gibt es Neuigkeiten?
Jasmine:	Ja! Meine große Schwester hat aufgehört zu rauchen. Endlich ist Schluss mit dem nervigen Gequalme.
Sven:	Hat sie kapiert, dass es ungesund ist?
Jasmine:	Das wohl auch, sie macht es aber wegen dem Geld. Rauchen ist ganz schön teuer.
Sven:	Ja, das Päckchen kostet 5€. Wenn sie pro Woche nur eins raucht, dann ist sie im Jahr schon 260€ los – das ist ein Haufen Geld.
Jasmine:	Stimmt. Und der Staat verdient auch noch Unsummen damit, dass die Leute rauchen.
Sven:	Wie verdient denn der Staat Geld mit dem Rauchen?
Jasmine:	Das meiste von den 5€ sind doch Steuern. Das ist wie beim Benzinpreis, auch dort geht das meiste Geld an den Staat.
Sven:	Das habe ich auch schon gehört, mein Dad schimpft immer beim Tanken.

Im vorigen Kapitel zum Wirtschaftskreislauf hast du gesehen, dass die Einnahmequelle des Staates die Steuern sind. Vielleicht sagst du: „Was geht das mich schon an, Steuern zahlen doch nur meine Eltern." Aber bei allem, was du kaufst, zahlst auch du Steuern. Kaufst du beispielsweise ein neues Fahrrad für 200 €, dann gehen davon 38 € an den Staat. Denn der Preis enthält die so genannte Mehrwertsteuer in Höhe von 19 %, die sich vom Gesamtpreis berechnet. Bei Büchern und Lebensmitteln ist es weniger, da zahlst du nur 7 % Mehrwertsteuer.

Doch es gibt natürlich noch viel mehr Steuern als die Mehrwertsteuer. Jeder Arbeitnehmer bekommt von seinem Lohn oder Gehalt Lohnsteuer abgezogen. Und die Unternehmen müssen an den Staat Gewerbesteuer zahlen. Es gibt noch viele weitere Steuern, so zum Beispiel:

Kfz-Steuer:
Jeder, der ein Auto besitzt, muss dafür jährlich eine Steuer entrichten.
Tabak-Steuer:
Ein großer Teil des Preises für ein Zigarettenpäckchen sind Steuern.
Ökosteuer:
Auf den Preis für einen Liter Benzin oder Diesel wird die Ökosteuer hinzugerechnet.

So setzt sich der Benzinpreis zusammen:

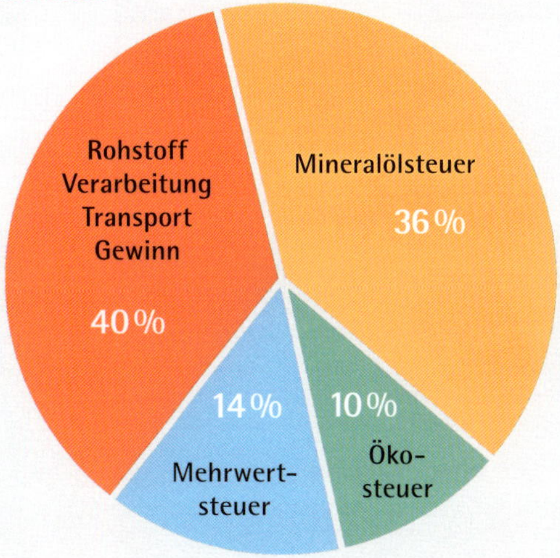

Panzerkreuzer
Fürst Bismarck

Die Sektsteuer – eine Idee von Kaiser Wilhelm II.

Der Staat war schon immer erfinderisch, wenn es um Steuern ging. Selbst als Deutschland noch eine Monarchie war, also von einem Kaiser regiert wurde, war man ständig auf der Suche nach Geldquellen. Deshalb wurde im Jahr 1902 die so genannte Schaumweinsteuer eingeführt. Diese sollte einen Beitrag dazu leisten, dass sich Kaiser Wilhelm II neue Kriegsschiffe bauen konnte. Diese Steuer gibt es heute noch (Sektsteuer). Wenn deine Eltern zu Sylvester eine Flasche Sekt knallen lassen, dann hat der Finanzminister ungefähr einen Euro als Sektsteuer eingenommen.

Was macht der Staat mit all den Steuergeldern?

Wie du siehst, hat der Staat durch die Steuern eine riesige Einnahmequelle. Doch diese Einnahmen werden natürlich zum Wohl der Bevölkerung eingesetzt. Bezahlt werden damit zum Beispiel die Polizei, die Bundeswehr und die Lehrer an deiner Schule. Es werden aber auch Straßen und Schulen gebaut, oder Menschen, die zu wenig Geld zum Leben verdienen, werden vom Staat unterstützt.

Steuereinnahmen von Bund, Ländern und Gemeinden
— in der Steuerspirale sind alle Steuern dargestellt —
die Umsatz- und Mehrwertsteuer stellt den größten Teil der Einnahmen dar.

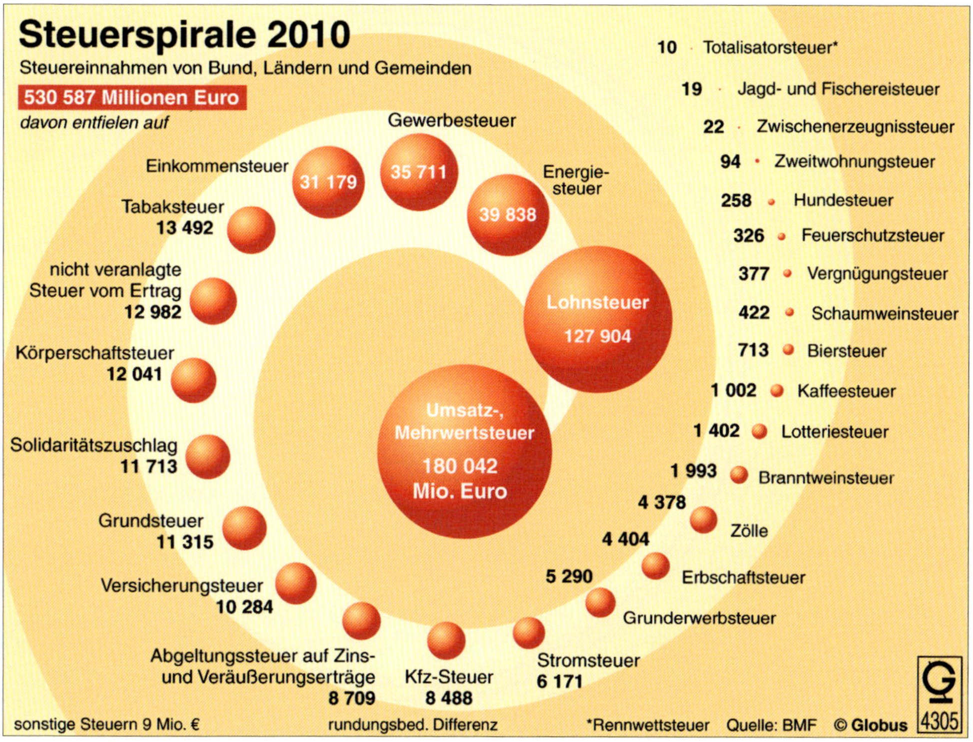

4.5 Der Staat und die Schulden

Obwohl der Staat viel Geld durch Steuern einnimmt, reicht dies nicht aus, um all seine Ausgaben auch bezahlen zu können. Da die Politik sich nicht traut, die Steuern weiter zu erhöhen oder die Ausgaben durch Leistungskürzungen zu senken, werden vom Staat Kredite aufgenommen. Dies ist an sich noch nichts Schlimmes, denn der Privatmann nimmt ja bei einer großen Anschaffung, zum Beispiel bei einem Hauskauf, auch einen Kredit auf und zahlt dann diesen über mehrere Jahre mit einem Teil seines Gehaltes wieder ab. Die Schulden werden allmählich jedoch zu einem großen Problem, denn der Schuldenberg wird immer größer und kaum einer glaubt noch, dass all diese Schulden irgendwann einmal zurückbezahlt werden können. Immerhin wurde in Deutschland und in Hessen eine Schuldenbremse gesetzlich festgeschrieben.

In Wiesbaden gibt es eine Schuldenuhr in der Adolfsallee 22. Dies ist eine elektronische Schautafel des Bundes für Steuerzahler, die anzeigt, wie viele Schulden die Bundesrepublik Deutschland hat und wie schnell diese pro Sekunde wachsen. Nicht eingerechnet sind hier die Schulden von Privatpersonen oder Unternehmen, sondern nur die des Staates.

Geh einfach mal dort vorbei und schau dir die Schuldenuhr an. Das Foto zeigt den Stand der Schuldenuhr am 18. Oktober 2011.

Was ist mit der Schuldenkrise in Europa und den USA?

Vielleicht hast du in den Nachrichten auch schon mal etwas von der Schuldenkrise gehört. Damit ist gemeint, dass insbesondere einige EU-Staaten (Griechenland, Spanien, Italien und andere), aber auch die USA, mittlerweile riesige Schuldenberge angehäuft haben. Gerade die USA, die als ein reiches Industrieland und die mächtigste Nation der Welt gelten, hatten im Sommer 2011 bereits 14,8 Billionen US-Dollar Schulden. Um sich die Summe besser vorstellen zu können, kann man die Schulden auf jeden US-Amerikaner umrechnen, das macht dann rund 46.000 US-Dollar pro Kopf (Kinder mitgerechnet).

Das Problem an der Verschuldung ist, dass die meisten dieser hochverschuldeten Staaten immer neue Kredite aufnehmen. Sie sind derzeit überhaupt nicht in der Lage, nur einen Cent zu tilgen (das heißt, die Kreditsumme zu verringern).

In Deutschland ist die Lage nicht ganz so dramatisch. Deutschland hat aber auch viele Schulden, derzeit sind es über zwei Billionen Euro – eine Zahl mit zwölf Nullen! Auch der deutsche Staat nimmt weiterhin Kredite auf, pro Sekunde steigen die Schulden um rund 1.600€.

4.6 Die Wirtschaft – Berg und Talfahrt!

Sicher hast du schon Wörter wie Wirtschaftswachstum, Rezession oder Wirtschaftsboom in der Zeitung gelesen oder in den Nachrichten gehört. Einmal ist von einer boomenden Wirtschaft die Rede, dann hörst du plötzlich wieder von steigenden Arbeitslosenzahlen und dass die Leute zu wenig einkaufen. Dieses Auf und Ab nennt man Konjunktur.

Doch der Konjunkturverlauf geht nicht kreuz und quer. Er läuft in der Regel nach einem wiederkehrenden Muster ab, und zwar in Wellen. Es gibt ein ständiges Auf und Ab vor allem bei Produktion, Beschäftigung und Zinsen. Diese Schwankungen sind typisch für eine Marktwirtschaft. Der Verlauf der Konjunktur hat dabei vier Phasen.

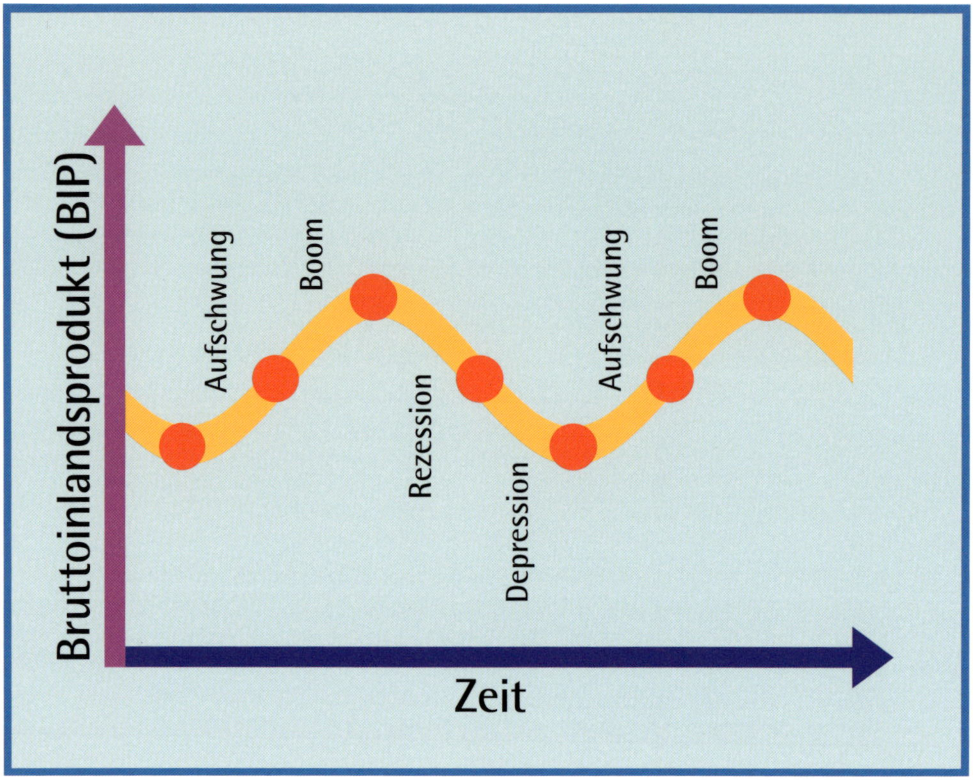

Zuerst gibt es mal den Aufschwung. Aufschwung bedeutet, dass die Nachfrage im Land steigt, die Leute also mehr kaufen wollen. Das ist natürlich gut für die Unternehmen, denn die können dann viele Produkte verkaufen. Das heißt, sie müssen auch mehr produzieren. Die Unternehmen haben somit mehr Arbeit und die Angestellten müssen Überstunden machen. Doch dadurch bekommen sie auch zusätzlich Geld und die Nachfrage steigt noch weiter. Aber mit der Nachfrage steigen auch die Preise.

Dann kommt es zu einem Boom, dieser wird auch Hochkonjunktur genannt. Die Unternehmen haben durch die hohe Nachfrage immer mehr Geld zur Verfügung, das sie investieren können, um zum Beispiel größere Werkhallen zu bauen, neue Maschinen zu kaufen und noch mehr zu produzieren. Sie stellen dann weiteres Personal ein. Dadurch sinkt die Zahl der Arbeitslosen und noch mehr Menschen haben mehr Geld, um sich was zu kaufen. Da die Unternehmen mehr verdienen, steigen auch die Löhne und Gehälter und die Steuereinnahmen des Staates erhöhen sich. Es wird natürlich immer noch in größeren Mengen produziert und die Preise steigen weiter. Wenn die Preise steigen, wird dies als Inflation bezeichnet.

Was ist Inflation?

Inflation heißt, dass die Preise für die Güter in einer Volkswirtschaft steigen. Das bedeutet, dass man für das gleiche Geld weniger Güter bekommt. Du hast zum Beispiel 10€ und möchtest dir davon jeden Tag beim Bäcker ein belegtes Brötchen für die Schule kaufen. Das belegte Brötchen kostet 2€, also reichen dir die 10€ für die ganze Woche. Der Bäcker erhöht nun den Preis auf 2,50€. Dies macht er nicht grundlos, auch für ihn sind einige Dinge teurer geworden (Mehl, Lohn für die Angestellten).
Es kommt also in der gesamten Volkswirtschaft dazu, dass das Geld weniger wert ist. Aus dem Grund kann man die Löhne und Gehälter über einen langen Zeitraum nur schlecht miteinander vergleichen. Vor 20 Jahren hat jemand 1.000 Mark (510€) verdient, das ist im Vergleich zu den heutigen Gehältern wenig. Aber damals waren auch die Produkte noch um einiges günstiger (zum Beispiel: Ein Liter Benzin kostete umgerechnet 0,65€).

Nun kommt die nächste Wellenbewegung, und zwar der Abschwung. Dieser wird von Wirtschaftsfachleuten auch Rezession genannt. Denn durch die steigenden Preise kommt immer mehr Geld auf den Markt, wodurch dieses auch immer weniger wert wird. Die Nachfrage sinkt und die Unternehmen bleiben auf ihren Produkten sitzen. Somit verdienen die Unternehmen weniger, müssen die zu viel produzierten Produkte einlagern und die Produktion herunterfahren. Die Arbeitnehmer haben somit weniger Arbeit und viele werden entlassen. Die Leute werden unsicher, haben Angst, sparen mehr und kaufen nicht soviel ein. Damit sinkt die Wirtschaft in Richtung Tiefstand (Depression).

Denn die Unternehmen können nicht mehr investieren, weil die Einkommen und somit die Nachfrage und die Preise sinken. Es entsteht Massenarbeitslosigkeit und die Steuereinnahmen des Staates reduzieren sich. Doch natürlich geht es auch hier wieder irgendwann bergauf, denn die Wellenbewegung geht immer weiter. Nach einem Tiefstand folgt also wieder ein Aufschwung und so weiter.

Was ist ein Boom, was ist eine Rezession?

Ein Wirtschaftsboom besteht, wenn die Wirtschaft ein hohes Wirtschaftswachstum hat. Das heißt, die Unternehmen haben volle Auftragsbücher, sie suchen zusätzliches Personal, das gesamte Bruttoinlandsprodukt (auf Seite 71 findest du eine Erklärung) wächst.

Rezession bedeutet Wirtschaftsabschwung, die Unternehmen bekommen immer weniger Aufträge, sie müssen Mitarbeiter entlassen. Die Wirtschaft schrumpft.

Ist der Konjunkturverlauf immer gleich?

Grundsätzlich folgt immer eine Phase der nächsten. Allerdings können die Phasen unterschiedlich lang und unterschiedlich stark sein. Und innerhalb der einzelnen Phasen gibt es auch so genannte saisonale Schwankungen. Also zum Beispiel Auf- und Abschwünge, die mit der Jahreszeit zusammen hängen. So boomt der Fremdenverkehr im Sommer, andererseits werden zum Beispiel mehr Winterreifen oder Ski in den kalten Wintermonaten gekauft.

Wer stellt eigentlich fest, um wie viel Prozent die Preise gestiegen sind?

In Wiesbaden gibt es das Statistische Bundesamt. Das ist eine Behörde des Staates, die viele Daten sammelt und aufbereitet. Sie stellt fest, wie die Preise in Deutschland steigen. Dies macht sie, indem sie einen Warenkorb festlegt. Der Warenkorb ist eine Sammlung von Produkten, die ein Privathaushalt normalerweise benötigt, zum Beispiel Lebensmittel und Miete. Statistiker kontrollieren wie sich die Preise dieser Produkte in einem bestimmten Zeitraum verändern. Damit kann dann die Inflation berechnet werden.

TIPP

Was hat der Konjunkturverlauf mit mir zu tun?

Der Wirtschaftsverlauf ist eine Berg- und Talfahrt, das spürst du, wenn du einen Beruf erlernst, der stark von diesem Verlauf abhängig ist. Gehst du zum Beispiel in einen Beruf in der Baubranche, dann kann dort aufgrund einer Wirtschaftskrise Flaute herrschen und du wirst vielleicht arbeitslos. Es gibt auch krisensichere Berufe, zum Beispiel im öffentlichen Dienst, das heißt, du arbeitest für den Staat. Oder du arbeitest in einem Wirtschaftszweig, der von der wirtschaftlichen Entwicklung recht unabhängig ist. Ganz allgemein lässt sich sagen, dass in der Wirtschaft besser verdient wird und auch die Aufstiegschancen besser sind.

Was ist die Inflationsrate?

Die Inflationsrate zeigt an, wie die Preise für Waren und Dienstleistungen, die ein typischer Haushalt in Deutschland kauft, im Zeitablauf steigen

Aus den Preisänderungen wird ein **gewichteter Mittelwert (Inflationsrate)** gebildet: Je größer der Anteil eines Produktes an den Gesamtausgaben des Haushalts ist, umso größer ist auch sein Gewicht im Warenkorb (Beispiel: Miete und Wohnungskosten machen allein 30,8 % aus).

Gewichtung im Warenkorb
(in Promille)

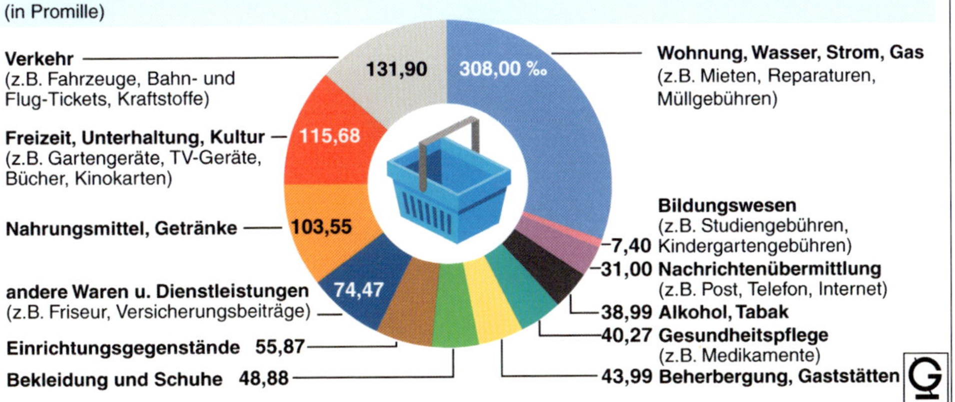

Quelle: Stat. Bundesamt Stand: 2011 © Globus 4361

Reichsbank Berlin, Geldauslieferungsstelle, 1920er Jahre

Hyperinflation nach dem Ersten Weltkrieg

Nach dem Ersten Weltkrieg (1914-1918) kam es in Deutschland zu einer Hyperinflation. Dies bedeutete, dass sich das Geld dramatisch schnell entwertete. Hatte jemand im Jahr 1919 50.000 Mark gespart, so war das damals noch eine Summe, die einen hohen Wert hatte. Im Jahr 1923 konnte man sich für 50.000 Mark nicht einmal mehr ein Kilo Brot kaufen. Ende 1923 kostete ein Liter Milch 360 Milliarden Mark. Die Arbeiter bekamen ihren Lohn in Waschkörben voller Geldscheine ausgezahlt, reich waren sie trotzdem nicht, denn von dem Geld konnte man sich fast nichts mehr kaufen. Die Bauern und Händler nahmen teilweise überhaupt kein Geld mehr an, sondern tauschten nur noch die Waren (zum Beispiel ein Kilo Brot gegen zehn Eier).

4.7 Volkswirtschaft – arm oder reich?

Wie gut es einer Volkswirtschaft geht, wird anhand des Bruttoinlandsprodukts gemessen. Denn das Bruttoinlandsprodukt erfasst alle Produkte und Dienstleistungen, die in einem Jahr von den Unternehmen eines Landes erstellt wurden.

Das Bruttoinlandsprodukt betrug im Jahr 2010 in Deutschland ungefähr 2,5 Billionen € (2.500.000.000.000 €). Das ist eine riesige Zahl, die man sich kaum vorstellen kann. Je Bundesbürger (egal ob Kind, Rentner, Schüler oder Arbeitnehmer) sind das ungefähr 31.000 €. Das heißt aber noch nicht, dass jeder von uns 31.000 € bekommt, das ist ein reiner Durchschnittswert. Diese Werte dienen dazu, dass man vergleichen kann, wie sich eine Volkswirtschaft entwickelt. Für die Regierung ist es beispielsweise wichtig zu sehen, ob die Wirtschaft wächst und damit auch das Land insgesamt reicher wird. Zeigt sich eine Wirtschaftskrise, dann muss die Regierung überlegen, ob und wie sie der Wirtschaft helfen möchte. Man kann mit den Zahlen auch die Volkswirtschaften vergleichen. So betrug in Rumänien im Jahr 2010 das Bruttoinlandsprodukt pro Kopf 5.700 €. Anhand der Zahlen erkennt man, dass Rumänien ärmer ist als Deutschland (was nicht heißt, dass es nur arme Menschen in Rumänien gibt).

Zeigt das Bruttoinlandsprodukt also, wie „fleißig" die Wirtschaft eines Landes war und wie gut es den Leuten geht?

Einerseits ja, denn wenn das Bruttoinlandsprodukt (BIP) hoch ist, dann wurde viel produziert und das heißt, dass die Wirtschaft viel geleistet hat. Die Leute müssten also viel Geld haben und sich viel leisten können. Andererseits wird nicht bezahlte Arbeit überhaupt nicht erfasst, beispielsweise, was Hausfrauen leisten oder was ehrenamtlich (zum Beispiel in Vereinen) geleistet wird. Auch Schwarzarbeit kann nicht erfasst werden.

Bruttoinlandsprodukt:
Summe aller Güter und Dienstleistungen, die innerhalb eines Jahres in einem Land hergestellt werden.

Das Wirtschaftswachstum ist eine wichtige Zahl für Politiker, denn sie zeigt, wie das im Inland erzielte Einkommen (also das Bruttoinlandsprodukt) in einem Jahr gesteigert werden konnte. Beträgt dies in einem Fantasiestaat 1.000 € im Jahr eins und 1.010 € im Jahr zwei, dann beträgt das Wirtschaftswachstum 1 %. Im Jahr 2010 betrug das Bruttoinlandsprodukt in Deutschland ungefähr 2,5 Billionen €. Die Wirtschaft ist vom Jahr 2009 auf das Jahr 2010 um 3,6 % gewachsen.

Befindet sich die Wirtschaft gerade in einer Abschwungphase, kann der Staat versuchen, die Wirtschaft anzukurbeln. So wurde beispielsweise im Jahr 2009, als es der gesamten Wirtschaft aufgrund der weltweiten Finanzkrise schlecht ging, eine Abwrackprämie von 2.500 € an diejenigen bezahlt, die ihr altes Auto verschrottet und sich einen Neuwagen geleistet haben. Das hat natürlich der Autoindustrie Aufwind gegeben. Der Staat kann aber auch die Steuern senken, die Zuschüsse (Subventionen) für die Unternehmen erhöhen oder die öffentlichen Ausgaben steigern (zum Beispiel durch den Bau von Straßen).

Andererseits ist es auch möglich, dass ein Wirtschaftsboom besteht und sich die Wirtschaft so sehr nach oben schaukelt, dass Preise und Löhne steigen und immer mehr produziert wird. Dann kann der Staat die Wirtschaft etwas dämpfen, beispielsweise indem er die öffentlichen Ausgaben senkt, die Steuern erhöht oder die Zuschüsse für die Unternehmen senkt. Sonst produziert die Wirtschaft viel mehr Güter als gebraucht werden, außerdem steigen die Preise durch die hohe Nachfrage so sehr, dass die Gefahr einer Inflation besteht, weil zu viel Geld auf dem Markt ist.

Wie kann die Regierung eines Landes die Wirtschaft beeinflussen?

In Kapitel 4.6 hast du gelernt, dass der Konjunkturzyklus normalerweise immer nach dem gleichen Muster verläuft. Doch der Staat hat Möglichkeiten, in den Konjunkturverlauf einzugreifen. Dies nennt man Wirtschaftspolitik.

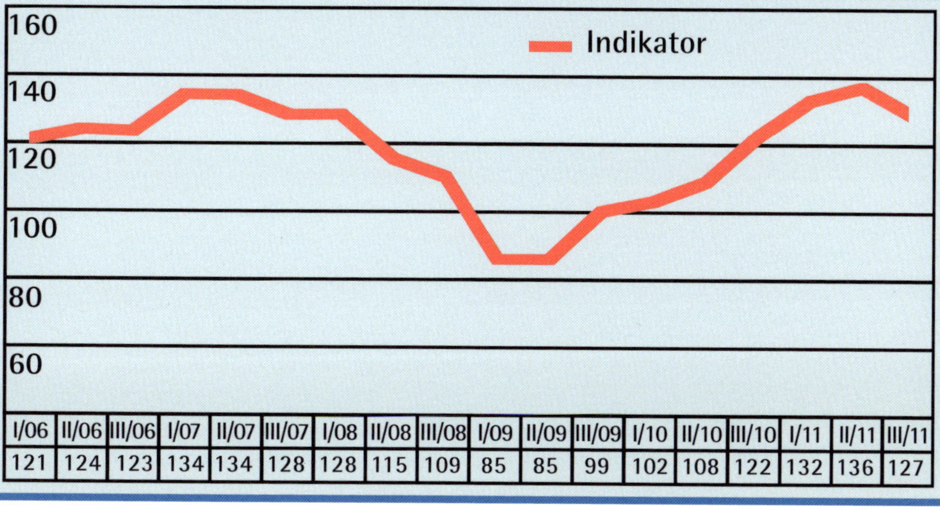

I/06	II/06	III/06	I/07	II/07	III/07	I/08	II/08	III/08	I/09	II/09	III/09	I/10	II/10	III/10	I/11	II/11	III/11
121	124	123	134	134	128	128	115	109	85	85	99	102	108	122	132	136	127

Dreimal im Jahr befragt die IHK Wiesbaden 500 Unternehmen zu ihrer aktuellen Lage und ihren Erwartungen. Ein ermittelter Geschäftsklimaindikator von über 100 Punkten bedeutet Wachstum. Während der Finanzkrise im Jahr 2009 lag der Indikator unter 100 Punkten.

5. Internationale Wirtschaft und Globalisierung

Jasmine: Hi Sven, gut das wir uns nochmal treffen, ich bin sonst die ganzen Sommerferien weg und zwar in Nordfrankreich.

Sven: Was? Ihr macht sechs Wochen Urlaub? Das ist ja toll.

Jasmine: Nee, Urlaub ist das nicht, zumindest nicht für meinen Vater. Der muss dort arbeiten.

Sven: Was muss der denn dort arbeiten?

Jasmine: Na, der macht doch irgendwas mit Maschinen, so genau weiß ich das auch nicht. Jedenfalls ist er oft im Ausland, seine Firma ist weltweit unterwegs. Jetzt haben die einen großen Auftrag in Nantes und mein Vater muss dort die Maschinen einrichten.

Sven: Wird das nicht etwas langweilig für dich?

Jasmine: Naja, meine Schwester und meine Mutter gehen auch mit - und wir dürfen unseren Hund mitnehmen. Die Firma zahlt uns eine komplette Ferienwohnung in der Zeit.

Sven: Nicht schlecht!

Jasmine: Meine Mutter will auch, dass ich dort in eine Sprachschule gehe und in der Zeit Französisch lerne.

Sven: Oh, das klingt nach Stress.

Jasmine: Ach, ich freu mich eigentlich. Mein Vater meint auch, dass in seiner Firma jeder mindestens Englisch können muss. Wer Französisch kann ist noch viel besser dran. Mein Vater musste sein Französisch am Abend und am Wochenende pauken, da mach ich lieber einen Kurs direkt in Frankreich. Dort kann ich dann gleich noch üben.

Sven: Da haste auch wieder recht. Schreib mir mal 'ne E-Mail, wenn du dort bist - aber bitte auf Deutsch.

So wie bei der Firma von Jasmines Vater läuft es hierzulande bei sehr vielen größeren Unternehmen. Sie verdienen ihr Geld im Ausland. Ihren Hauptstandort haben sie dabei meist noch in Deutschland. Aber nicht nur, dass sie ihre Produkte ins Ausland liefern. Dort haben sie bereits auch Fabriken und Geschäftsstellen. Für Unternehmen ist das eine große Chance, denn sie können dadurch mehr verkaufen. Gerade Deutschland liefert sehr viel in andere Länder.

Deutschland exportierte im Jahr 2010 Waren im Wert von fast einer Billion €. Exportieren heißt, dass Produkte ins Ausland geliefert werden. Der wichtigste Handelspartner dabei ist Frankreich, gefolgt von den Niederlanden und China. Doch Deutschland exportiert nicht nur, sondern importiert auch viel. Importieren heißt, dass ausländische Unternehmen ihre Waren hier in Deutschland verkaufen. Wenn du mal auf die Rückseite deines MP3-Players schaust, liest du bestimmt kleingedruckt „Made in China". Dies zeigt, dass der MP3-Player aus China kommt.

Warum werden einerseits Produkte exportiert und dann wieder importiert?

Die Art der Waren, die exportiert oder importiert werden, ist natürlich unterschiedlich. Deutschland hat nur wenige Rohstoffe und muss deshalb Erdöl und Erdgas größtenteils importieren. Dafür sind deutsche Unternehmen gut darin, Autos und Maschinen zu bauen. Deren Qualität ist auch im Ausland bekannt, weshalb sie dort auch stark nachgefragt werden.

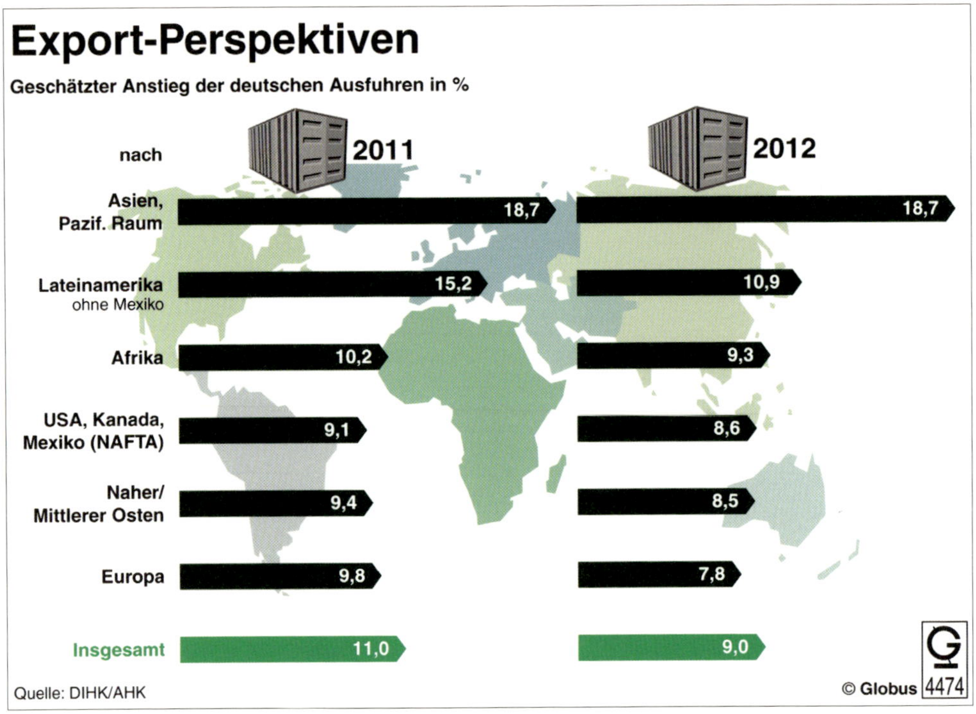

Du siehst, die Wirtschaft wird immer internationaler. Das heißt nicht nur, dass fertige Produkte exportiert oder importiert werden. Viele Produkte reisen um die ganze Welt, bis sie letztlich beim Endverbraucher landen. Kaufst du dir eine Jeans, kann deren Baumwolle beispielsweise aus Kasachstan stammen, die wiederum in der Türkei zu Stoff gewebt wird. Nachdem die Jeans dann in China zusammengenäht wurde, landet sie in deiner Stadt auf dem Ladentisch.

Exportieren:
Produkte werden ins Ausland geliefert

Importieren:
Produkte werden von ausländischen Unternehmen nach Deutschland geliefert

Derzeit exportiert Deutschland mehr Produkte als es importiert. So überstieg im Jahr 2010 der Wert der Exporte den Wert der Importe um über 100 Milliarden €. Dies wird auch als Außenhandelsüberschuss bezeichnet.

Näherinnen in einer chinesischen Fabrik

So und ähnlich funktioniert es mit vielen Produkten, beispielsweise weil bestimmte Rohstoffe in einzelnen Ländern vorkommen oder die Löhne und Produktionskosten dort billiger sind. So ist es für einen Bekleidungshersteller viel billiger, den Stoff von der Türkei nach China zu verschiffen und dort zu Jeans verarbeiten zu lassen, da die Lohnkosten in China viel niedriger sind. Diese internationale Verflechtung der Unternehmen (aber auch Staaten) nennt man Globalisierung.

Globalisierung:
Internationale Verflechtung von Staaten und Unternehmen

Was heißt Globalisierung denn genau?

Das Wort Globalisierung ist in aller Munde. Doch was bedeutet es eigentlich genau? Globalisierung heißt, dass die Welt immer näher zusammenrückt. Zum einen befinden sich immer mehr Länder in Staatengemeinschaften, wie du am Beispiel der EU gesehen hast. Und auch sonst verflechten sich immer mehr Länder durch Verträge, Bündnisse oder gemeinsame Projekte, zum Beispiel in der Politik, der Wirtschaft oder auch in der Kultur und Umwelt. Kommunikation ist ebenfalls erheblich einfacher geworden. Früher musste man ziemlich viel Geld für ein Auslandstelefonat bezahlen. Heute gibt es Möglichkeiten, über das Internet kostenlos zu telefonieren und sich dabei per Webcam zu sehen. Gerade über das Internet kannst du ebenfalls Leute aus aller Welt kennen lernen. Das war früher unmöglich, weil diese viel zu weit entfernt waren. Aber heute werden all diese Entfernungen allein durch das Internet überwunden. Aber auch Flüge werden beispielsweise billiger. Während sich die Leute früher kaum Flugreisen leisten konnten, gibt es heute viele günstige Angebote, und auch Billig-Airlines wie Ryanair.

Wie kam es eigentlich zur Globalisierung?

Ein wichtiger Grund für die Globalisierung ist der technische Fortschritt. Zu nennen ist hier vor allem das Internet. Aber auch der Bereich, der es den Menschen ermöglicht, zu reisen und Waren zu transportieren, beispielsweise durch den stark ausgebauten Flugverkehr. Doch auch die Politiker taten vieles, um den Welthandel zu fördern, da es für die gesamte Weltwirtschaft besser ist, wenn die Länder ihre Waren tauschen anstatt sich abzuschotten. Und die Industrie- und Handelskammern haben 120 Büros in 80 Ländern eingerichtet um den gegenseitigen Handel zu fördern und Gründungen zu ermöglichen.

Globalisierung heißt auch, dass in Deutschland viele Menschen wohnen, die aus dem Ausland zugezogen sind. Im Wiesbadener Wohngebiet Westend liegt der Anteil der Bevölkerung mit Migrationshintergrund bei 41,5 Prozent (Stand 2011).

TIPP

Die Möglichkeiten ins Ausland zu gehen sind durch die Globalisierung gerade für junge Menschen viel größer geworden. Praktika und Arbeiten im Ausland sind für viele Unternehmen mittlerweile normal. Mach dich deshalb in Fremdsprachen (vor allem Englisch) fit, dann hast du später nur Vorteile.

6. Die Europäische Union

Jasmine:	Hi Sven, wie sieht's aus, fährst du in den Weihnachtsferien weg?
Sven:	Ja, ich fahr' mit meinen Eltern nach Österreich. Wir sind in einem Hotel in den Bergen. Mal sehen, ob dort genug Schnee liegt.
Jasmine:	Klingt gut, aber ich hätte echt keinen Bock, wieder ewig an der Grenze zu stehen. Als wir letzten Winter in die Schweiz gefahren sind, mussten wir lange warten, weil fast jedes Auto kontrolliert wurde.
Sven:	Naja, die Schweiz gehört ja auch nicht zur EU! Wenn du nach Österreich fährst, wirst du nicht kontrolliert.

EU ist die gebräuchliche Abkürzung für die Europäische Union, zu der auch Deutschland gehört. Sie ist ein Zusammenschluss von mittlerweile 27 europäischen Staaten. Rund 500 Millionen Menschen leben in der EU.

Unter den EU-Staaten gibt es auch einen Markt, den europäischen Binnenmarkt. Gemessen am Bruttoinlandsprodukt (BIP) ist dies der größte gemeinsame Markt weltweit.

Welche Länder in Europa sind Mitglied der Europäischen Union?

Belgien

Bulgarien

Dänemark

Deutschland

Estland

Finnland

Frankreich

Griechenland

Irland

Italien

Lettland

Litauen

Luxemburg

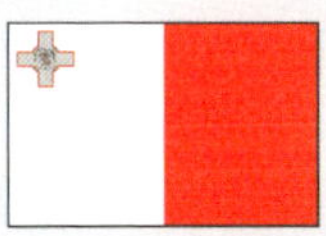
Malta

Niederlande

Österreich

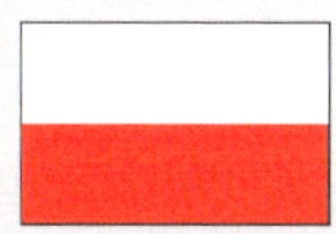
Polen

Portugal

Rumänien

Schweden

Slowakei

Slowenien

Spanien

Tschechische Republik

Ungarn

Vereinigtes Königreich

Zypern

Frankfurt am Main im Dezember 1945

Die Ursprünge der EU gehen zurück in die Nachkriegszeit. Nach den beiden Weltkriegen war Europa ziemlich geschwächt. Die Menschen wollten wieder wirtschaftliche Sicherheit und Frieden. Um dieses Ziel zu erreichen, schlossen sich in den 1950er Jahren sechs Staaten zur so genannten Europäischen Wirtschaftsgemeinschaft (EWG) zusammen, dem Vorläufer der EU. Die Gründungsstaaten waren Belgien, Deutschland, Frankreich, Italien, Luxemburg und die Niederlande.

Durch den Zusammenschluss sollten die Staaten durch Handel und Wirtschaft miteinander verwoben werden, da Länder, die wirtschaftlich zusammenarbeiten, Kriege vermeiden und Konflikte friedlich lösen. Die wirtschaftliche Zusammenarbeit der Staaten sollte aber nicht nur Kriege verhindern, sondern auch die Wirtschaft schneller wachsen lassen. Nach und nach wurde die Europäische Gemeinschaft größer, da ihr immer mehr Staaten beitraten. Die Europäische Gemeinschaft bildete damit einen riesigen gemeinsamen Markt. Ein gemeinsamer Markt bedeutet, dass die Länder die Importe und Exporte nicht durch Zölle beschränken. Dies hat sich bislang sehr günstig auf die gesamte Wirtschaft ausgewirkt. Schätzungen von Wissenschaftlern haben ergeben, dass die Staaten im Jahr 2007 durch den gemeinsamen Markt um fast 210 Milliarden € reicher waren, als wenn es keinen gäbe.

1992 wurde aus der Europäischen Gemeinschaft die Europäische Union. Die Zusammenarbeit beschränkte sich nun nicht mehr auf rein wirtschaftliche Dinge. Nach und nach wurden verschiedene Verträge geschlossen, welche die politischen Zuständigkeiten der einzelnen Länder regelten.

Frankfurter Skyline 2011

Innerhalb der Europäischen Union mit ihren 27 Staaten bilden 17 Staaten die Europäische Wirtschafts- und Währungsunion. Der Wirtschafts- und Währungsunion konnten EU-Staaten nur beitreten, wenn sie nachwiesen, dass ihre Wirtschaft gut da steht und die Staatsverschuldung nicht zu groß ist.

Der einheitliche Markt innerhalb der EU macht es den Ländern einfacher, untereinander Handel zu treiben, da alle sozusagen am gleichen Strang ziehen. Die Vorschriften und Gesetze der einzelnen Länder werden gegenseitig anerkannt, es gibt keine Zölle und Grenzkontrollen mehr. Dies bedeutet natürlich auch eine Erleichterung für die Bevölkerung. Außerdem kann jeder EU-Bürger seinen Arbeitsplatz und seinen Wohnort innerhalb der EU dort wählen, wo er möchte. Auch für Personen gibt es keine Grenzkontrollen mehr. Ziel ist es, dass auch Prüfungszeugnisse und Diplome innerhalb der EU von allen Ländern anerkannt werden.

Warum schließen sich Staaten zusammen?

Schließen sich Staaten zusammen, so verhindert dies Kriege. Die einzelnen Mitgliedsstaaten ziehen an einem Strang, haben gemeinsame Regeln und Verpflichtungen und respektieren sich gegenseitig. Außerdem gibt es wirtschaftliche Vorteile. Durch einen gemeinsamen Markt können Zölle vermieden, der Handel erleichtert und die Verständigung der Menschen untereinander gefördert werden. Deswegen fühlen die Menschen sich zusammengehörig und müssen keine Angst vor Kriegen haben.

Die Europäische Union:

Anzahl der Staaten: 27 Staaten sind aktuell Mitglied der Europäischen Union. Gesamtzahl der Bevölkerung: In der EU leben ungefähr 500 Millionen Menschen auf einer Fläche von mehr als vier Millionen Quadratkilometern – nach China und Indien ist das die drittgrößte Bevölkerung der Welt.

Hauptstadt: Da die EU kein Staat ist, sondern ein Zusammenschluss von Staaten, hat sie keine Hauptstadt, sondern ist in verschiedenen Städten mit Behörden niedergelassen. Der Hauptsitz der EU ist Brüssel (Belgien). Das Europäische Parlament hat zwei Tagungsstätten, eine in Brüssel und eine zweite in Straßburg (Frankreich). Die Zentralbank der EU, die über den Euro wacht, hat ihren Sitz in Frankfurt am Main (Deutschland).

Wirtschaftsleistung: Über zwölf Billionen € (Jahr 2010)

So kam der Euro zu seinem Namen:

Zunächst sollte der Euro eigentlich ECU (European Currency Unit) heißen. Das war der Name der europäischen Währungseinheit, die Rechnungseinheit der EG und später der EU war. Diese Bezeichnung wurde aber als zu unpersönlich und technisch kritisiert. Weitere Namensvorschläge waren Europäischer Gulden, Europäischer Franken oder Europäische Krone. Diese Namen enthielten jedoch Namen anderer Währungen und jedes Land sollte ja genau gleich gestellt sein. Als Lösung schlug Deutschland den Namen „Euro" vor. Dieser wurde am 16. Dezember 1995 vom Europäischen Rat in Madrid als Bezeichnung der gemeinsamen Währung festgelegt.

TIPP

Was nützt mir die EU?

Frag mal deine Eltern, wie es früher an der Grenze war, wenn sie zum Beispiel nach Frankreich oder Spanien in Urlaub fahren wollten. Oft gab es hier erhebliche Wartezeiten, denn jeder, der die Grenze passieren wollte, musste seinen Pass parat haben und wurde gegebenenfalls von den Grenzposten kontrolliert. Unter anderem sollte verhindert werden, dass Leute illegal in ein Land einreisen. Das hat natürlich die Reise oft verzögert. Heute merkst du gar nicht mehr, wenn du über die Grenze in ein EU-Nachbarland fährst. Nur die immer noch stehenden Grenzanlagen zeugen von den vergangenen Zeiten.

Das heißt natürlich auch, dass du ganz einfach Waren kaufen und mit nach Deutschland nehmen kannst. Früher war das anders. Da waren beispielsweise Produkte wie Parfüm, Zigaretten, Kaffee oder Alkohol limitiert. Kaufte man mehr, so musste man Zoll bezahlen. Heute ist die EU ein großer Wirtschaftsraum und EIN Markt, daher sind auch die Grenzen offen. Willst du nach deiner Berufsausbildung vielleicht in einem anderen EU-Land arbeiten, um Erfahrungen zu sammeln? Siehst du, auch das geht, denn dein Prüfungszeugnis wird in aller Regel dort anerkannt.

Zudem brauchst du für ein Land in der EU keine Aufenthaltsgenehmigung, du kannst dir dort ohne weiteres Arbeit suchen.

Der Euro ist die Währung von 17 EU-Mitgliedsstaaten und sechs weiteren europäischen Staaten. In seiner Bedeutung steht er direkt hinter dem US-Dollar.

Im September 2001 wurde der Euro an die Banken, aber auch den Handel verteilt. Dieser sollte nämlich am Umtauschprozess der Deutschen Mark in den Euro beteiligt werden. Denn jeder hatte bisher nur D-Mark-Münzen und Scheine in seinem Geldbeutel oder zu Hause im Sparschwein. Und dieses ganze Geld musste erst mal vom Markt und nach und nach durch die Euro-Münzen und Scheine ersetzt werden.

Wer sich mit dem Euro vertraut machen wollte, konnte ab dem 17. Dezember 2001 ein so genanntes Starterkit bei den Banken und Sparkassen erwerben. Dies war eine Mischung von €-Münzen, die für 20 Deutsche Mark eingetauscht werden konnte. Der Wert der Münzen betrug 10,23 €. Im Jahr 2002 konnte es mit dem Euro dann richtig losgehen. Dann erhielt man beim Einkauf sein Wechselgeld in €. Auch an den Geldautomaten konnten ab dem 1. Januar 2002 Euro-Scheine abgehoben werden, ebenso an den Bankschaltern. Im Umlauf waren damals Währungsumrechner, die D-Mark-Beträge in € und €-Beträge in D-Mark umrechneten und so die Umstellungsphase erleichterten.

Was ist die Euro-Krise?

Um der Wirtschafts- und Währungsunion beitreten zu können, mussten die einzelnen Beitrittsstaaten strenge Regeln erfüllen. Diese Regeln wurden von vielen Staaten (zum Beispiel Griechenland) später nicht eingehalten. Einige Staaten sind mittlerweile so stark verschuldet, dass sie kaum noch die Schulden und Zinsen zurückzahlen können. Dies ist eine Gefahr für den Euro, da die Währung dadurch als unstabil und unsicher angesehen wird.

In der folgenden Grafik siehst du die Staaten und deren einzelne Regionen in der EU. Je dunkelblauer eine Region ist, umso reicher ist die Region, wie zum Beispiel Süddeutschland oder auch Südengland oder Norditalien. Je hellblauer die Region ist, umso ärmer ist sie. Du siehst, dass Ostdeutschland ärmer als der EU-Durchschnitt ist.

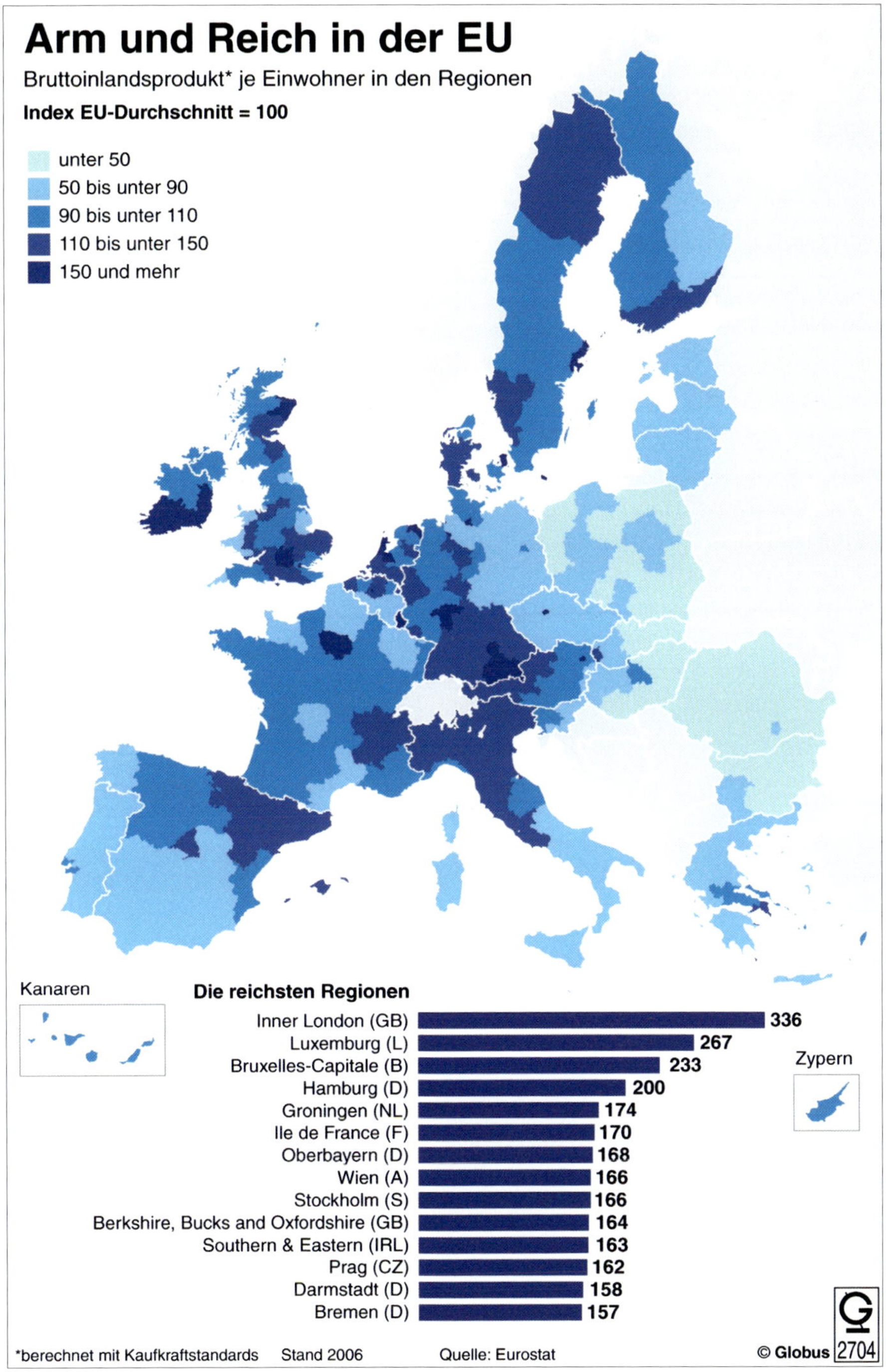
Arm und Reich in der EU
Bruttoinlandsprodukt* je Einwohner in den Regionen
Index EU-Durchschnitt = 100
unter 50
50 bis unter 90
90 bis unter 110
110 bis unter 150
150 und mehr
Kanaren
Zypern
Die reichsten Regionen
Inner London (GB) 336
Luxemburg (L) 267
Bruxelles-Capitale (B) 233
Hamburg (D) 200
Groningen (NL) 174
Ile de France (F) 170
Oberbayern (D) 168
Wien (A) 166
Stockholm (S) 166
Berkshire, Bucks and Oxfordshire (GB) 164
Southern & Eastern (IRL) 163
Prag (CZ) 162
Darmstadt (D) 158
Bremen (D) 157
*berechnet mit Kaufkraftstandards
Stand 2006
Quelle: Eurostat
© Globus 2704

Die Europäische Union ist nicht nur eine Vereinigung mit wirtschaftlichen Interessen, sondern auch eine Solidargemeinschaft. Das bedeutet, dass sich die einzelnen Staaten gegenseitig helfen. Es gibt in der Europäischen Union reiche und wirtschaftsstarke Länder wie zum Beispiel Deutschland, Niederlande oder Frankreich, aber auch arme Länder wie zum Beispiel Rumänien, Bulgarien oder Ungarn. Länder und Regionen, die im Vergleich zum EU-Durchschnitt arm sind, bekommen finanzielle Hilfe von der EU. Auf lange Sicht soll erreicht werden, dass der Lebensstandard in den einzelnen Staaten der EU ähnlich ist.

Anders als in den USA, wo alle im öffentlichen Dienst Englisch sprechen, gibt es in der EU eine Vielzahl von Sprachen in den Behörden und Einrichtungen. Die EU hat 23 anerkannte Amtssprachen. Es gibt weniger Amtssprachen als Mitgliedstaaten, da einige Länder dieselben Sprachen verwenden (zum Beispiel wird in Österreich auch Deutsch gesprochen). Für die Europäische Union arbeiten ungefähr 6.000 Sprachexperten und Dolmetscher, die nur damit beschäftigt sind, bei Besprechungen von Politikern in eine andere Sprache zu übersetzen oder Texte in anderen Sprachen zu schreiben. Dies wird gemacht, damit kein Mitgliedstaat im Nachteil ist, weil er Texte nicht versteht oder einer Besprechung nicht folgen kann.

7. Der Eintritt in das Berufsleben

7.1 Der Arbeitsmarkt

Sven:	Hi Jasmine, stell dir vor, mein Cousin ist Informatiker und hat nach seiner Ausbildung gleich vier Job-Angebote bekommen!
Jasmine:	Was? Der hat es gut, meine große Schwester hat Reiseverkehrskauffrau gelernt. Sie hat nun die Prüfung gemacht und wird vom Betrieb nicht übernommen. Mittlerweile hat sie 20 Bewerbungen geschrieben, aber noch hat nichts geklappt.
Sven:	Eigentlich hab' ich ja überlegt, Industriemechaniker zu werden, aber vielleicht werde ich auch Informatiker da verdient man auch gut Geld. Außerdem kenn' ich mich gut mit Computern aus.
Jasmine:	Ja, kannst du das einfach so machen, braucht man da nicht Abitur?
Sven:	Keine Ahnung, aber nächste Woche gehe ich zur Berufsberatung. Auf jeden Fall will ich was machen, wo ich hinterher auch Arbeit bekomme.

So wie es für Produkte wie Autos oder Fernsehgeräte einen Markt gibt, so gibt es auch für Menschen einen Markt, auf dem sie ihre Arbeitskraft anbieten und die Unternehmen diese nachfragen können. Natürlich kann man Menschen nicht mit Produkten vergleichen. Der Markt funktioniert aber ähnlich, Angebot und Nachfrage treffen aufeinander. Je höher die Nachfrage der Unternehmen nach einem bestimmten Beruf ist, umso mehr sind sie bereit, diesen Menschen einen höheren Lohn zu bezahlen. So sind zum Beispiel Computerfachleute derzeit stark von Unternehmen gesucht, dementsprechend werden sie auch gut bezahlt.

Nicht immer finden alle Menschen eine Arbeit, sie sind dann arbeitslos. In einer Volkswirtschaft wird dies mit der Arbeitslosenquote ausgedrückt. Diese sagt aus, wie viel Prozent der Menschen, die arbeiten könnten, keine Arbeit haben. Deutschland hatte viele Jahre Probleme mit einer hohen Arbeitslosigkeit, doch in den letzten vier Jahren hat sich die Situation stark verbessert, da die deutschen Unternehmen weltweit sehr erfolgreich sind. Die Arbeitslosenquote liegt derzeit (Herbst 2011) bei rund 7 % in der gesamten Bundesrepublik Deutschland. Dies ist jedoch je Region sehr unterschiedlich, in Ostdeutschland liegt die Arbeitslosenzahl höher, da es dort nicht so viele Unternehmen gibt.

Was ist der Fachkräfte-Mangel?

Obwohl es auf dem Arbeitsmarkt in Deutschland recht gut aussieht, bekommt nicht jeder einen Job. Das wichtigste ist eine gute Ausbildung. Die Unternehmen sprechen schon von einem Mangel an Fachkräften. Fachkräfte sind Arbeitnehmer mit einer guten Ausbildung (zum Beispiel Elektriker, Industriekaufleute, Computerfachleute und Mechatroniker und so weiter). Die Unternehmen suchen dringend Menschen mit diesen Qualifikationen. Wer allerdings keine Ausbildung hat, hat es sehr schwer auf dem Arbeitsmarkt. Das größte Risiko, arbeitslos zu werden, besteht in einer fehlenden Ausbildung.

Deutschland schneidet im europäischen Vergleich ziemlich gut ab. Viele Länder wie Spanien oder Griechenland, haben eine sehr hohe Arbeitslosigkeit. Gerade junge Menschen finden dort kaum einen festen Arbeitsplatz.

Der Arbeitsmarkt in der Region

Wiesbaden steht derzeit (September 2011) gut da, die Arbeitslosenquote beträgt 6 % und liegt damit unter dem Bundesdurchschnitt.

TIPP

Was hat der Arbeitsmarkt mit mir zu tun?

Gerade als junger Mensch sollte man sich bei der Berufswahl genau überlegen, ob der gewünschte Beruf auch einmal gefragt sein wird. Allerdings solltest du auch immer bedenken, ob der Beruf zu dir passt und deinen Fähigkeiten entspricht.

Stahlbau Huhle, Wiesbaden

Was ist das „Arbeitsrecht"?

Da es auf dem Arbeitsmarkt um Menschen und nicht um Produkte geht, gibt es ein strenges Arbeitsrecht. Das sind Gesetze, die Unternehmen genau vorschreiben, wie sie mit ihren Angestellten umgehen müssen. So darf ein Unternehmen einen Arbeiter, der viele Jahre im Unternehmen tätig war, nicht einfach von heute auf morgen feuern, also kündigen. Genauso darf eine Fabrik Jugendliche nicht zur Nachtschicht einsetzen oder sehr harte und gefährliche Arbeiten ausführen lassen (Jugendschutzgesetz). Das Arbeitsrecht gibt den arbeitenden Menschen also Sicherheiten.

Es schützt allerdings auch Unternehmen. Es schreibt vor, welche Pflichten die Menschen eingehen. So sind Arbeitnehmer (also Arbeiter und Angestellte) dazu verpflichtet, ihre Arbeiten sorgfältig zu erledigen. Dies beginnt schon damit, pünktlich zur Arbeit zu erscheinen oder freundlich mit den Kunden umzugehen.

In der Grafik siehst du, dass immer mehr Menschen in Deutschland arbeiten. In Deutschland leben insgesamt ungefähr 80 Millionen Menschen. Die Grafik zeigt, dass im Jahr 2010 knapp 31 Millionen Menschen erwerbstätig waren, also als Mitarbeiter in einem Unternehmen.

Was sind Teilzeitbeschäftigte?

Normalerweise arbeiten Menschen ungefähr 40 Stunden in der Woche, in der Regel acht Stunden am Tag. Dies ist die volle Arbeitszeit, diese Menschen nennt man Vollzeitbeschäftigte. Teilzeitbeschäftigte arbeiten weniger Stunden in der Woche, zum Beispiel 20 Stunden an drei Tagen, beispielsweise an drei vollen Tagen oder an fünf Vormittagen die Woche.

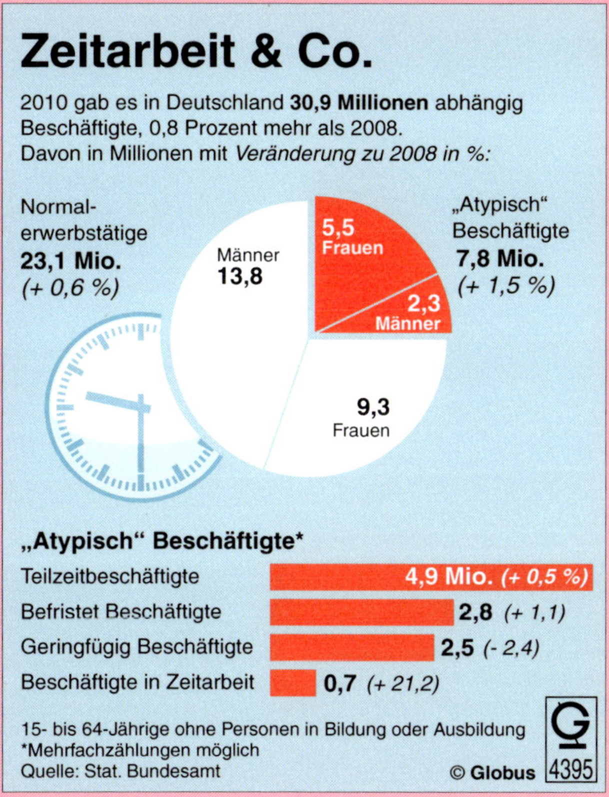

7.2. So findest du für dich den geeigneten Ausbildungsberuf

Jasmine:	Na, Sven, wie sieht's aus mit deinen Bewerbungen? Hast du schon welche geschrieben?
Sven:	Ja, ich hab' angefangen. Ich muss echt sagen, ich bin total froh, dass ich den Wirtschaftsführerschein bei der IHK gemacht hab'. Denn jetzt weiß ich wenigstens genau, wie man so was schreibt und worauf es ankommt. Ich hätte sonst keine Ahnung gehabt.
Jasmine:	Stimmt. Kannst mich übrigens gleich mal beglückwünschen! Ich hab' nämlich einen Ausbildungsplatz als Einzelhandelskauffrau gefunden. Ich glaube, dabei hat mir mein Wirtschaftsführerschein auch geholfen. Mein Chef sagte beim Bewerbungsgespräch nämlich gleich, dass er es toll findet, dass ich das gemacht habe.
Sven:	Echt? Ist ja klasse! Hoffentlich fällt das denen, die meine Bewerbungen bald lesen werden, auch auf. Ich muss mich mal bei der IHK informieren, welche Unternehmen hier im Umkreis Industriemechaniker oder Fachinformatiker ausbilden. Dann mach' ich noch ein paar tolle Bewerbungsfotos und es kann losgehen. Ich freu' mich schon jetzt auf mein erstes selbst verdientes Geld.

TIPP

Jasmine und Sven wissen schon recht genau, was sie werden wollen.

Doch nicht bei jedem Schüler ist das der Fall, denn in Deutschland gibt es rund 350 Ausbildungsberufe. Bist du noch auf der Suche nach einem passenden Ausbildungsberuf, dann solltest du überlegen, welche Berufe gerade gefragt sind. Denn damit erhöhst du deine Chancen, einen Ausbildungsplatz und später einen Arbeitsplatz zu finden. Doch frag dich auch genau, wo deine Interessen liegen. Denn dein Beruf soll dir Spaß machen! Vielleicht liebst du Mode, so wie Jasmine, oder interessierst dich für Technik, so wie Sven. Wichtig bei der Berufswahl sind aber auch die Dinge, die auf keinen Fall was für dich sind. So ist Arzthelferin kaum der richtige Beruf für dich, wenn du kein Blut sehen kannst.

Du solltest dich ebenfalls bei Freunden oder Verwandten informieren. Vielleicht kennen die Berufe, von denen du noch nie etwas gehört hast. Auch die Berufsberatung der Agentur für Arbeit oder das Berufsinformationszentrum (BIZ) kann dir bei deiner Berufsfindung weiterhelfen. Dort kannst du auch einen Eignungstest machen. Auch im Internet gibt es Berufswahltests.

Wo ist das BIZ in Wiesbaden zu finden?

Es befindet sich im Erdgeschoss des Hauptgebäudes der Agentur für Arbeit Wiesbaden und bietet an vielen Computerarbeitsplätzen die Möglichkeit, sich über Berufe zu informieren und nach Arbeits- und Ausbildungsplätzen zu recherchieren. Außerdem steht für Veranstaltungen ein Gruppenraum zur Verfügung.

Berufsinformationszentrum, Agentur für Arbeit
Klarenthaler Str. 34, 65197 Wiesbaden
Telefon: 0611 9494 – 307
E-Mail: Wiesbaden.BIZ@Arbeitsagentur.de

TIPP

Diese und weitere Fragen kannst du dir auch selbst stellen, um deinen passenden Beruf zu finden:

- Was mache ich besonders gerne in meiner Freizeit?
- Welche Schulfächer fallen mir leicht, welche schwer und wo habe ich gute Noten?
- Arbeite ich gerne mit Menschen?
- Fallen mir handwerkliche Dinge leicht?
- Wofür loben mich andere häufig?
- Wie gut kann ich rechnen?
- Wie gut kann ich mich mündlich und schriftlich ausdrücken?
- Welche Dinge fallen mir besonders leicht?
- Kann ich gut mit Computern umgehen?
- Bin ich besonders einfallsreich und habe ich ausgefallene Ideen?
- Wie schnell und gut verstehe ich technische Zusammenhänge?

M

Informiere dich umfassend und hinterfrage deine Neigungen und Interessen, um dein geeignetes Berufsziel zu finden.

Die IHK Wiesbaden veranstaltet jedes Jahr zusammen mit der Handwerkskammer Wiesbaden, der Agentur für Arbeit Wiesbaden und der Kreishandwerkerschaft Wiesbaden-Rheingau-Taunus eine Ausbildungsmesse, bei der du dich über die Anforderungen der verschiedenen Ausbildungsberufe informieren und Kontakte knüpfen kannst.

Außerdem bietet die IHK Wiesbaden im Internet eine Ausbildungsbörse an, in der Unternehmen ihre offenen Ausbildungsplätze einstellen. Du kannst dich aber auch selbst als Ausbildungssuchende/n eintragen, so dass die interessierten Unternehmen Kontakt mit dir aufnehmen können.

Geh einfach auf die Homepage der IHK Wiesbaden: www.ihk-wiesbaden.de.

Bleibe bei deinem Berufsziel jedoch flexibel. Das erleichtert dir die Suche nach einem Ausbildungsplatz. Findest du beispielsweise keine Ausbildungsstelle als Industriemechaniker, könntest du vielleicht auch eine Ausbildung als Anlagenmechaniker machen. Hast du für dich den passenden Beruf gefunden, kann es losgehen. Offene Ausbildungsplätze findest du zum Beispiel in Stellenanzeigen in deiner Tageszeitung, in Jobbörsen im Internet oder bei der Ausbildungsvermittlung der Agentur für Arbeit. Höre dich auch bei Verwandten und Bekannten um.

7.3 Was die Wirtschaft von mir erwartet

BIKE
FAHRRADWERKE GMBH

Wir sind deutschland- und europaweit tätig und produzieren hochwertige Fahrräder, die auf die individuellen Kundenwünsche zugeschnitten sind. Die Zufriedenheit unserer Kunden und Mitarbeiter stehen für uns an erster Stelle.

Zur Verstärkung unserer Vetriebsabteilung suchen wir eine / einen

Kauffrau / Kaufmann
für Bürokommunikation

Ihre Aufgaben
Auftragsbearbeitung/ -abwicklung, Terminkoordination und -organisation, Bearbeitung des allgemeinen Schriftverkehrs, Durchführung allgemeiner Bürokommunikation und -organisation, Kundenbetreuung.

Ihre Qualifikationen
Sie verfügen über eine Ausbildung zur Kauffrau / zum Kaufmann für Bürokommunikation, beherrschen die gängigen MS-Office-Anwendungen und haben sehr gute Deutschkenntnisse in Wort und Schrift sowie gute Englischkenntnisse. Sie sind in der Lage, selbständig zu arbeiten, sind teamfähig und ein Organisationstalent. Sie mögen den Umgang mit Menschen, sind zuverlässig und interessiert an neuen Themengebieten.

Wir bieten Ihnen
Eine übertarifliche Bezahlung, einen sicheren Arbeitsplatz sowie gute Aufstiegschancen.

Bitte richten Sie Ihre schriftliche und aussagekräftige Bewerbung bist spätestens 15. März 2011
an die Personalabteilung

Herrn Thomas Brückner · Bike Fahrradwerke GmbH · Musterstr. 17 · 77777 Musterstadt
Tel. 06666-555444 · www.bike-fahrradwerke.com

Was ein Arbeitgeber von dir erwartet, kannst du teilweise schon aus seiner Stellenanzeige entnehmen. Hast du viel mit Kunden zu tun, beispielsweise im Einzelhandel, wird häufig ein gepflegtes Erscheinungsbild und ein freundliches Auftreten vorausgesetzt. Interessierst du dich für das Arbeiten in einem Büro, zum Beispiel als Bürokaufmann/-frau, so solltest du dich in Wort und Schrift gut ausdrücken können und ausreichende Computerkenntnisse besitzen. Besonders im kaufmännischen Bereich ist gutes Deutsch gefragt, ebenso die Beherrschung der Grundrechenarten. Wenn du noch andere Fremdsprachen sprichst, solltest du das auch unbedingt in deiner Bewerbung angeben. Ein Plus ist natürlich auch dein IHK-Wirtschaftsführerschein, denn die Arbeitgeber begrüßen es sehr, wenn du schon eine Ahnung von Wirtschaft hast und deren Zusammenhänge verstehst. Vor allem zeigst du damit, dass du bereit bist, dich zu engagieren und weiterzubilden! Das ist eine Voraussetzung, die jeder Arbeitgeber sehr gerne sieht. Du musst nicht alles können, aber bereit sein, es dir anzueignen.

TIPP

Um deine Chancen auf dem Arbeitsmarkt zu verbessern, kannst du auch den Europäischen Computerführerschein machen. Er ist international anerkannt und bescheinigt dir Computerwissen und die Fähigkeit, die Standard-Computeranwendungen, beispielsweise Textverarbeitung, Tabellenkalkulation, Präsentationen, Datenbanken und weitere Programme anwenden zu können.

Du siehst, es gibt für jeden Beruf besondere Anforderungen, die du grundsätzlich erfüllen solltest. Doch auch unabhängig von dem angestrebten Berufsziel gibt es noch verschiedene weitere grundlegende Qualifikationen, so genannte Schlüsselqualifikationen, die ein Arbeitgeber erwartet. Du solltest teamfähig sein, da du meist mit anderen Kollegen zusammen arbeitest. Du solltest pünktlich, zuverlässig und interessiert an neuen Themengebieten sein. Denn du hast ja gelernt: Jedes Unternehmen muss Gewinn machen. Und auch du bist als Teil des Unternehmens daran beteiligt, Gewinne für das Unternehmen zu erwirtschaften. Geht es dem Unternehmen gut, dann hast du natürlich auch einen Vorteil. Denn du hast einen sicheren Arbeitsplatz und eine ausreichende Bezahlung.

7.4 Mit beiden Beinen im Berufsleben

Du hast es geschafft! Schulabschluss und Berufsausbildung liegen hinter dir und du hast allen gezeigt, was du drauf hast – mit einer guten Note in deiner Abschlussprüfung und einer tollen Beurteilung von deinem Ausbildungsbetrieb. Vielleicht musstest du auch ein paar Kompromisse eingehen, weil du vielleicht nicht genau den Ausbildungsplatz bekommen hast, den du wolltest. Aber jetzt ist es soweit. Du verdienst dein eigenes Geld und kannst dir ein Auto oder eine Wohnung leisten.

Mache eine Zeitreise mit Jasmine und Sven. Sie stehen mittlerweile mit beiden Beinen im Berufsleben und unterhalten sich über ihre ersten Erfahrungen.

Sven:	Hallo Jasmine! Toll, dass du Zeit auf 'nen Kaffee hattest. Wir haben uns ja schon schon lange nicht gesehen.
Jasmine:	Stimmt. Arbeiten ist halt doch was anderes als Schule. Und wegen unserer langen Öffnungszeiten in der Boutique komm' ich immer erst nach acht Uhr abends heim. Dafür hab ich aber den Montagvormittag frei und kann richtig schön ausschlafen. Außerdem fällt ja auch noch die ganze Lernerei weg. Aber ich bin froh, dass ich mich so dahintergeklemmt habe. Ich hatte nämlich eine 1 in der IHK-Prüfung.

Sven:	Hi, Glückwunsch! Ich hatte übrigens eine 2, bin aber auch super zufrieden. Ich wusste, jetzt kommt's drauf an und da hab ich so richtig gelernt. Vor allem ist mein Chef sehr zufrieden mit mir und ich wurde von meinem Ausbildungsbetrieb gleich übernommen. Hab jetzt übrigens doch Industriemechaniker gelernt. Meine Eltern haben mir zur Prüfung sogar ein Auto geschenkt. Zwar gebraucht, aber ein echt krasser Schlitten!
Jasmine:	Oh super, da können wir nachher gleich mal eine Probefahrt machen. Ich spar gerade auf mein Auto. Denn ich hab mir gleich nach der Ausbildung eine kleine Wohnung gesucht und deshalb hat das Geld dann nicht ganz gereicht. Aber jetzt verdien' ich ja schon seit einem Jahr. Wenn nur nicht immer so tolle Klamotten in der Boutique hängen würden! Da muss ich aufpassen, dass ich nicht das ganze Geld dafür ausgebe.
Sven:	Du kriegst doch Prozente, oder?
Jasmine:	Klar. Außerdem ist es ja die Boutique von meiner Cousine, von der ich dir schon mal erzählt habe. Sie hat mich gleich eingestellt nach der Ausbildung und schenkt mir hin und wieder auch mal ein Teil. Allerdings wird vom Gehalt auch einiges abgezogen. Das hätte ich echt nicht gedacht. Da verdient man endlich mal richtig und dann geht ein Viertel davon an den Staat.

Was Jasmine da erzählt, klingt auf den ersten Blick ganz schön unfair. Du arbeitest und bekommst dann am Ende nur einen Teil von dem, was du eigentlich verdienst (dem so genannten Bruttolohn). Aber das hat alles seinen Sinn. Denn von deinem Bruttolohn werden noch Steuern und Versicherungen abgezogen, was ja am Ende wieder der Bevölkerung, also auch dir zugute kommt. Der Betrag, den du dann ausgezahlt bekommst, nennt sich Nettolohn.

Ein recht großer Betrag der Abzüge ist die Lohnsteuer. Von Steuern hast du ja schon in Kapitel **4** gehört. Steuern sind die Einnahmequelle des Staates, damit finanziert er seine Leistungen für die Gemeinschaft. Außerdem zahlst du Kirchensteuer, falls du Kirchenmitglied bist. Dieses Geld fließt direkt an die Kirche, damit diese ihre Aufgaben wahrnehmen kann.

Dann zahlst du noch einen Solidaritätszuschlag von derzeit 5,5 % auf deine Lohnsteuer. Der Solidaritätszuschlag wurde am 1. Januar 1995 für alle Steuerpflichtigen eingeführt. Er soll die Wiedervereinigung Deutschlands finanzieren.

Die Lohnsteuer berechnet sich nach deiner jeweiligen Lohnsteuerklasse. Insgesamt gibt es sechs verschiedene Lohnsteuerklassen. Sie richten sich jeweils danach, ob du verheiratet bist oder Kinder hast.

Normalerweise beginnst du dein Arbeitsverhältnis in Lohnsteuerklasse I, wenn du weder verheiratet bist, noch Kinder hast.

TIPP

Du kannst deine Steuerschuld selbst berechnen, und zwar durch den Abgabenrechner des Bundesfinanzministeriums.

Schau einfach mal nach unter www.abgabenrechner.de. So kannst du auch deine Gehaltsabrechnung kontrollieren.

Von deinem Bruttolohn wird neben der Steuer aber auch noch die Sozialversicherung abgezogen. Denn die Bundesrepublik Deutschland ist ein so genannter Sozialstaat. Das bedeutet, dass der Staat dazu verpflichtet ist, für soziale Sicherheit und Gerechtigkeit in der Gesellschaft zu sorgen. Rund die gleiche Höhe der Abgaben, die von deinem Bruttolohn abgezogen werden, zahlt auch noch mal dein Arbeitgeber an die jeweiligen Sozialversicherungsträger. Das sind die Stellen, die Leistungen der sozialen Sicherheit erbringen, wie die Krankenkassen, Pflegekassen, die Deutsche Rentenversicherung, die Unfallkassen und die Agentur für Arbeit.

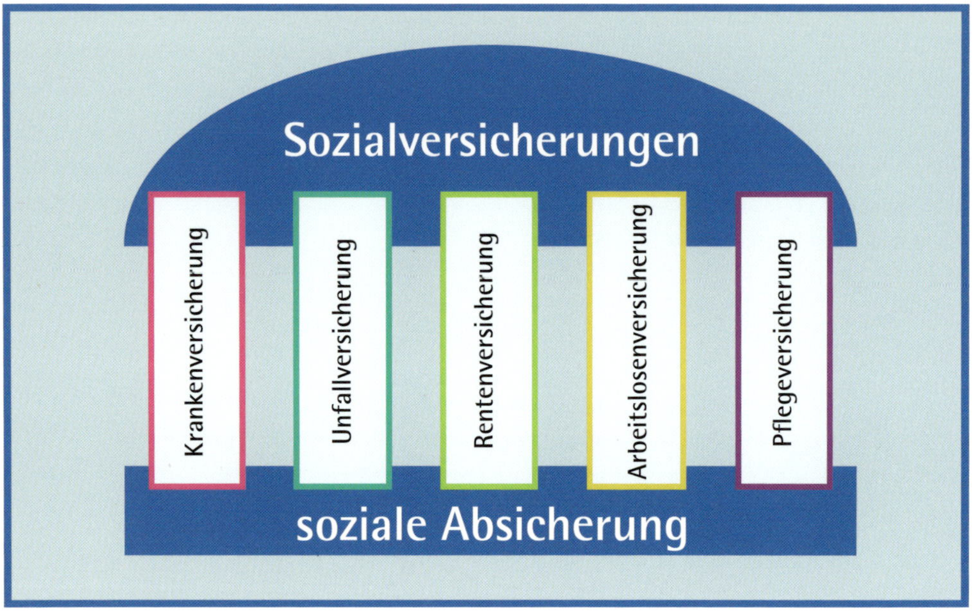

Die Sozialversicherung setzt sich aus fünf verschiedenen Versicherungen zusammen. Man kann sagen, sie steht auf diesen Säulen und wird von ihnen gestützt. Diese Säulen sind: Die gesetzliche Krankenversicherung, die Arbeitslosenversicherung, die gesetzliche Rentenversicherung, die gesetzliche Unfallversicherung und die gesetzliche Pflegeversicherung.

Wieso soll ich eigentlich Sozialversicherung bezahlen?

Früher war es häufig so, dass die Menschen, die krank wurden oder ihre Arbeit verloren, durch ihre Familie abgesichert waren. Denn noch vor 150 Jahren lebten die Menschen in Großfamilien, wo sich jeder um jeden kümmerte. Doch heute leben viele Menschen allein oder in Kleinfamilien. Werden sie krank oder arbeitslos, dann müssten sie hungern oder säßen auf der Straße, wenn es keine soziale Absicherung gäbe. Da grundsätzlich jeder in eine solche Situation kommen kann, muss auch jeder, der arbeitet, Abgaben zahlen. Einen Teil der Abgaben zahlt jedoch noch zusätzlich der Arbeitgeber, also die Unternehmen. Diese sind jedoch auf deiner Gehaltsabrechnung nicht vermerkt.

Der größte Teil der Bevölkerung ist gesetzlich krankenversichert. Dabei steigt der Beitrag, der für die Krankenversicherung zu leisten ist, prozentual an. Das heißt, je mehr du verdienst, desto höher ist dein Versicherungsbeitrag. Das nennt man Beitragssolidarität. Denn wer mehr verdient, leistet durch seinen höheren Beitrag einen Dienst an der ärmeren Bevölkerung. Arbeitslosenversicherung zahlen alle Arbeitnehmer. Durch diese Beiträge finanziert der Staat das Arbeitslosengeld. In die Rentenversicherung zahlst du ein, damit du später auf eine gesetzliche Rente zählen kannst. Allerdings solltest du auch privat eine Zusatzversicherung abschließen, damit du im Alter genügend Geld zum Leben zur Verfügung hast. Die Unfallversicherung, die nur vom Arbeitgeber gezahlt wird, versichert dich während der Arbeit sowie auf dem Hin- und Nachhauseweg. Die erst 1995 eingeführte Pflegeversicherung dient dazu, pflegebedürftige Menschen zu unterstützen, damit diese sich so gut es geht selbst versorgen können.

Wie viel Prozent von deinem Lohn jeweils abgezogen werden, kann sich von Jahr zu Jahr ändern. Im Jahr 2011 waren es zum Beispiel 15,5 % Krankenversicherung (wobei der Arbeitgeber davon 7,3 % übernimmt) 19,9 % Rentenversicherung, 3 % Arbeitslosenversicherung und 1,95 % Pflegeversicherung (der Arbeitgeber übernimmt bei diesen Versicherungen die Hälfte). Die Unfallversicherung wird nur vom Arbeitgeber gezahlt.

Hier siehst du die Gehaltsabrechnung von Jasmine:

Bruttogehalt	1.800,00 €
Lohnsteuer	175,00 €
Solidaritätszuschlag	9,62 €
Kirchensteuer	15,75 €
Sozialversicherungsbeiträge	Arbeitnehmeranteil
Krankenversicherung	142,20 €
Pflegeversicherung	22,05 €
Rentenversicherung	179,10 €
Arbeitslosenversicherung	27,00 €
Nettogehalt	1.229,28 €

Jasmine:	Und wie läuft's sonst so bei deiner Arbeit? Bist du zufrieden?
Sven:	Ja, nur am Anfang gab's Probleme mit dem Arbeitsvertrag, denn dort war mein Urlaubsanspruch gar nicht vermerkt. Aber zum Glück weiß ich ja, was in so einem Vertrag alles drin stehen muss. Dem Wirtschaftsführerschein sei Dank. Es hatte sich aber rausgestellt, dass nur der Sachbearbeiterin ein Fehler unterlaufen war und jetzt ist alles o.k.
Jasmine:	Na dann ist ja gut. Ich hatte mit meiner Cousine erst mal nur einen mündlichen Vertrag geschlossen, ich gehör' ja immerhin zur Familie. Aber dann hat sie gesagt, ich brauche jetzt auch einen schriftlichen Vertrag, weil der einen Monat nach Beginn des Arbeitsverhältnisses vorliegen muss. So ist dann eben alles in trockenen Tüchern.

Sobald du ein Arbeitsverhältnis eingehst, erhältst du einen Arbeitsvertrag. Wie dessen Aussehen und Inhalt sein muss, ist nicht vorgeschrieben, aber er sollte schriftlich abgefasst sein. Wird der Arbeitsvertrag nur mündlich geschlossen, muss er dir jedoch spätestens einen Monat nach Beginn deines Arbeitsverhältnisses schriftlich ausgehändigt werden. Der Arbeitsvertrag wird von dir und von deinem Arbeitgeber unterschrieben und enthält die wichtigsten Arbeitsbedingungen.

Boutique InStyle – Kira Bergmann
Musterstrasse 55 · 65100 Wiesbaden

Arbeitsvertrag

Zwischen der Boutique InStyle, Inhaberin Kira Bergmann, Wiesbaden (Arbeitgeberin) und Frau Jasmine Hoffmann (Arbeitnehmerin), wohnhaft in 65900 Wiesbaden, Beispielstrasse 44, wird folgender Arbeitsvertrag geschlossen:

§ 1 Beginn des Arbeitsverhältnisses, Tätigkeit
Die Arbeitnehmerin wird zum 01.05.2011 als Einzelhandelskauffrau eingestellt. Sie übernimmt die Tätigkeiten einer Kundenberaterin. Die Arbeitnehmerin verpflichtet sich, im Bedarfsfall auch andere ihr zumutbare Tätigkeiten im Betrieb zu übernehmen. Der Arbeitsvertrag ist unbefristet.

§ 2 Probezeit / Kündigungsfristen
Die ersten 3 Monate des Arbeitsverhältnisses gelten als Probezeit. Die Kündigungsfristen bestimmen sich nach dem BGB.

§ 3 Vergütung
Die monatliche Vergütung richtet sich nach dem gültigen Tarifvertrag. Der Arbeitsplatz ist in die Gehaltsgruppe II eingestuft. Die Zahlung erfolgt bargeldlos jeweils zum Ende des Monats. Die Zahlung von etwaigen Sondervergütungen erfolgt freiwillig und ohne Begründung eines Rechtsanspruchs für die Zukunft.

§ 4 Arbeitszeit / Überstunden
Die Arbeitszeit richtet sich nach der betriebsüblichen Zeit und beträgt derzeit wöchentlich 42 Stunden ohne Pausen. Näheres findet sich in der Betriebsvereinbarung. Der Arbeitgeber ist berechtigt, aus dringenden betrieblichen Bedürfnissen Überstunden anzuordnen. Bis zu 15 Überstunden im Monat kann die Arbeitnehmerin nach Absprache mit ihrer Arbeitgeberin durch Freizeit ausgleichen. Darüber hinausgehende Überstunden werden vergütet.

§ 5 Urlaub
Der Jahresurlaub beträgt 26 Werktage. Die zeitliche Lage des Urlaubs muss mit der Arbeitgeberin abgestimmt werden. Nimmt die Arbeitnehmerin an Veranstaltungen der Weiterbildung teil (Verkaufsschulungen u. Ä.), ist der Betrieb bereit, dafür bezahlten Sonderurlaub zu gewähren.

§ 6 Betriebliche Regelungen/Tarifvertrag
Ergänzend gelten die bestehenden Betriebsvereinbarungen und die Regelungen des Tarifvertrages in seiner jeweils gültigen Fassung. Diese Unterlagen können bei der Geschäftsleitung eingesehen werden.

§ 7 Nebenabreden
Nebenabreden und Änderungen des Vertrages bedürfen zu ihrer Rechtsgültigkeit der Schriftform.

Kira Bergmann	Jasmine Hoffmann
Unterschrift der Arbeitgeberin	Unterschrift der Arbeitnehmerin

Beispiel: Arbeitsvertrag von Jasmine

Warum sollte ein Arbeitsvertrag schriftlich abgefasst sein?

Ein Arbeitsvertrag sollte in schriftlicher Form vorliegen, weil laut Nachweisgesetz die wichtigsten Vertragspunkte schriftlich dargelegt werden müssen (vgl. § 2 NachwG).

Folgende Punkte sollten in deinem Arbeitsvertrag enthalten sein:

1. Dein Name und deine Anschrift sowie die deines Arbeitgebers
2. Der Beginn deines Arbeitsverhältnisses
3. Bei befristeten Arbeitsverhältnissen:
   Die vorhersehbare Dauer des Arbeitsverhältnisses
4. Dein Arbeitsort
5. Eine kurze Beschreibung der von dir zu leistenden Tätigkeit
6. Die Zusammensetzung und die Höhe deines Arbeitsentgelts einschließlich der Zuschläge, Zulagen, Prämien und Sonderzahlungen sowie Fälligkeit der Zahlung
7. Die vereinbarte Arbeitszeit
8. Die Dauer deines Jahresurlaubs
9. Die Fristen für die Kündigung deines Arbeitsverhältnisses
10. Ein Hinweis auf die Tarifverträge sowie Betriebs- oder Dienstvereinbarungen, die für dein Arbeitsverhältnis gelten

Liebe Schülerinnen, liebe Schüler!

Jasmine und Sven haben ihre Traumberufe gefunden, stehen mit beiden Beinen im Berufsleben und verdienen ihr eigenes Geld.

Auch ihr seid mit dem IHK-Wirtschaftsführerschein einen entscheidenden Schritt vorangekommen. Ihr habt jetzt das Handwerkszeug bekommen, um eure Berufswünsche herauszufinden und euch um eine Ausbildungsstelle zu bewerben.

Wir wünschen euch viel Erfolg auf eurem Weg!

8. Was macht eigentlich eine IHK?

IHK ist die Abkürzung von **I**ndustrie- und **H**andels**k**ammer. Das ist eine Einrichtung der Wirtschaft für die Wirtschaft – organisiert als Körperschaft des öffentlichen Rechts. Die IHKs übernehmen Aufgaben für den Staat in unternehmerischer Selbstverwaltung, beraten Unternehmen in zahlreichen Fragen und vertreten Unternehmerinteressen gegenüber der Politik. Das klingt ganz schön kompliziert und sagt noch immer nicht, was genau sich dahinter verbirgt. Fragt man Leute auf der Straße, so wissen die das meist auch nicht so genau. „Die IHK hat was mit Ausbildung zu tun", sagen einige. „Die tun auch was für Unternehmensgründer", sagen andere. „Die haben sich dafür eingesetzt, dass es jetzt endlich eine schnelle Internetverbindung in unserem Dorf gibt" oder „Die stehen dauernd in der Zeitung, weil über ihre Veranstaltungen berichtet wird und über das, was sie von Politikern fordern". Alles richtig, aber bei Weitem noch nicht alles. Die Mitarbeiter der IHK sprechen gerne von einem „Bauchladen an Aufgaben", die sie übernehmen. Und es ist wirklich so, dass man wie ein Wasserfall redet, wenn man runterbetet, was eine IHK alles tut und macht. Da verliert man schnell den Überblick und nachher schwirrt einem bloß der Kopf. Also ordnen wir das Ganze mal ein bisschen und werfen einen Blick zurück zu den Wurzeln der IHKs.

8.1 Geschichte

Schon im Mittelalter haben sich Kaufleute in Deutschland zusammengeschlossen, um sich gegenseitig zu unterstützen und den Handel und die wirtschaftliche Entwicklung zu fördern. Die erste Handelskammer wurde 1665 in Hamburg gegründet, in Hessen war dies 1710 die Commercien-Kammer in Kassel. Damals hatten die Han-

delskammern jedoch noch keine besonderen Rechte gegenüber dem Staat. Das hat sich mit der preußischen Verordnung über die Errichtung von Handelskammern im Jahr 1848 geändert. Von da an wurde den Unternehmern das Recht eingeräumt, ihre Angelegenheiten eigenverantwortlich zu regeln und ihre Vertreter selbst zu wählen. Die Kammer sollte die Interessen der Gesamtwirtschaft des Bezirks vertreten sowie Verwaltung und Politik in allen die Wirtschaft betreffenden Fragen beraten. Daran hat sich bis heute nichts geändert. Das Modell funktionierte so gut, dass sich schnell eine Vielzahl von IHKs gründete.

8.2 Mitgliedschaft

Heute gibt es 80 IHKs in ganz Deutschland. Warum so viele? Weil es auch ganz schön viele Unternehmen gibt, die alle unterschiedliche Interessen, Sorgen und Wünsche haben. Die Industrie- und Handelskammer Wiesbaden wurde 1865 gegründet und allein sie vertritt rund 38.000 Unternehmen in Wiesbaden, in Hochheim und im Rheingau-Taunus-Kreis. Das ist eine ganze Menge, wobei nicht alle Unternehmen wirklich groß sind. Eine ganze Reihe bestehen nur aus einer Person, die vielleicht sogar noch einen anderen Job hat und nur nebenbei auch Unternehmer ist. Doch ein solcher Kleingewerbetreibender kann sich trotzdem genauso kostenlos bei der IHK beraten lassen wie ein großes Unternehmen. Es ist nämlich so, dass alle Unternehmen per Gesetz Mitglied einer IHK sind, – es sei denn, sie sind Handwerksbetriebe, dann sind sie bei der Handwerkskammer. Und dann gibt es noch freie Berufe wie Ärzte, Architekten oder Anwälte, für die jeweils eigene Kammern bestehen. Zurück zur Mitgliedschaft in der IHK: Es gibt also viele kleine und mittelständische und einige große Unternehmen und alle sind grundsätzlich verpflichtet, einen Jahresbeitrag zu zahlen. Darüber finanziert sich die IHK und aus diesem Geld wurden beispielsweise auch der IHK-Wirtschaftsführerschein und dieses Buch bezahlt. Die Unternehmen müssen aber nicht alle dasselbe bezahlen, das wäre ja auch ungerecht. Im Gegenteil: Die kleinen Betriebe sind oftmals von ihrem Beitrag befreit, weil sie nicht so viel verdienen. Gleiches gilt für Unternehmen, die gerade erst gegründet wurden und die es am Anfang immer ein bisschen schwer haben. Dagegen zahlen die großen Unternehmen einen deutlich höheren Betrag, der sich an ihrem Unternehmensgewinn orientiert. Das Ganze nennt man Solidarprinzip: Wer mehr hat, zahlt auch mehr, aber alle können die Leistungen der IHK in gleicher Weise nutzen. Und warum ist die Mitgliedschaft nicht freiwillig wie im Sportverein? Nun, das macht die IHK unabhängig von den Interessen Einzelner. Außerdem nimmt die IHK dem Staat sehr viele Aufgaben ab und organisiert diese sehr praxisnah und unbürokratisch. Anstatt nun aber noch mehr Steuern an den Staat zu zahlen, entrichten die Unternehmen ihre Mitgliedsbeiträge an die IHK. Während die Unternehmen auf die Höhe und die Verwendung der Steuern keinen direkten Einfluss nehmen können, bestimmen sie dies bei den Mitgliedsbeiträgen in der IHK selbst. Wie das?

8.3 Parlament der Wirtschaft

Die IHKs sind demokratisch aufgebaut: Die Mitglieder der regionalen IHK wählen die Vollversammlung als ihr Unternehmerparlament. Bei der Wahl hat jede Firma – unabhängig von ihrer Größe – gleiches Stimmrecht. Die Vollversammlung ihrerseits wählt aus ihren Reihen den Präsidenten und das Präsidium. In der IHK Wiesbaden gibt es 63 Unternehmerinnen und Unternehmer, die aus allen Branchen in die Vollversammlung gewählt wurden. Daneben engagieren sich über 100 Unternehmerinnen und Unternehmer in einem IHK-Ausschuss und deutlich über 1.000 als Prüfer im Bereich der Aus- und Weiterbildung. Alles ehrenamtlich, das heißt, ohne dafür extra

Geld zu bekommen. Natürlich hat die IHK aber auch Angestellte, alles Fachleute aus den unterschiedlichsten Gebieten. Bei der IHK Wiesbaden arbeiten rund 50 Mitarbeiter und zusätzlich noch acht Azubis in den Bereichen Standortpolitik, Existenzgründung, Aus- und Weiterbildung, International, Recht, Innovation, Branchen und Unternehmenskommunikation. Und was genau passiert dort alles?

8.4 Aufgaben

Da sind wir wieder bei dem Problem vom Anfang dieses Textes. Es ist einfach zu viel, alles aufzuzählen. Kurz: Die IHK setzt sich dafür ein, dass Unternehmen erfolgreich gegründet und dass sie gut wachsen können. Hürden versucht die IHK für sie aus dem Weg zu räumen und sie bei allen ihren Anliegen zu beraten und zu unterstützen. Und für die Politik ist die IHK ein ganz wichtiger Link zu den Unternehmen. Die IHK erstellt Stellungnahmen und Gutachten und befragt laufend die Unternehmen zu allem Möglichen. Die Unternehmen haben viele Wünsche. Zum Beispiel brauchen sie gute Arbeitskräfte, sonst gehen sie irgendwann kaputt. Aus- und Weiterbildung gehört daher zu den wichtigsten Aufgaben der Industrie- und Handelskammern. Gemeinsam mit anderen Berufsexperten entwickeln sie Ausbildungsberufe und nehmen dafür die Zwischenprüfungen und Abschlussprüfungen ab. Da die Unternehmen jedoch seit ein paar Jahren ziemlich entsetzt über das mangelhafte Wirtschaftswissen der Schülerinnen und Schüler sind, haben die Mitglieder der Vollversammlung und die Geschäftsführung der IHK Wiesbaden 2008 etwas Neues erfunden: Den IHK-Wirtschaftsführerschein. Auch das ist eine Aufgabe aus dem großen Bauchladen der IHK Wiesbaden ...

Text: Gordon Bonnet, Leiter des Geschäftsbereichs Unternehmenskommunikation der IHK Wiesbaden

IHK Wiesbaden

wirtschafts führerschein

9. Der IHK-Wirtschaftsführerschein

Der IHK-Wirtschaftsführerschein ist eine Initiative der IHK Wiesbaden für Schüler der Klassen 8 und 9 von Hauptschulen, Realschulen und Gesamtschulen.

Wesentliche Schwerpunkte des IHK-Wirtschaftsführerscheins

- Vermittlung von ökonomischen Kenntnissen
- Sensibilisierung für die Grundprinzipien: Selbstverantwortung, Eigeninitiative und Leistungsbereitschaft

Im Verlauf des Projektes werden durch den Eignungstest = Talente-Check und weitere verschiedene Orientierungsbausteine Grundkenntnisse in unterschiedlichen Berufsfeldern erworben. Interesse und Eignung werden festgestellt.

Bausteine zur Durchführung des IHK-Wirtschaftsführerscheins

1. Auftaktveranstaltung mit Vermittlung von Basis-Wirtschaftswissen
2. „News to use“: Schüler lesen den Wiesbadener Kurier
3. Eignungstest „Talente-Check“
4. Besuch der Ausbildungsmesse
5. Training „Wie bewerbe ich mich richtig“
6. Training „Persönlichkeit – Soziale Spielregeln – Selbstpräsentation“
7. „Unternehmer trifft Schüler“
8. Abschlusstest zu Wirtschaftswissen und Trainingsinhalten

Schülern, die sich während der Durchführung des IHK-Wirtschaftsführerscheins besonders engagieren, bietet die IHK an, Kontakte zu Unternehmen zu vermitteln, um einen entstandenen Berufswunsch zu festigen.

10. Glossar / Register

Wörterverzeichnis der Hauptbegriffe aus diesem Buch mit Erklärungen

Abgabenrechner **101**	Unter www.abgabenrechner.de, einer Internet-Seite des Bundesfinanzministeriums, können Arbeitnehmer ihre Steuerschuld selbst berechnen.
Abschwung (Rezession) **65–68 72 119**	Das Geld in einer Volkswirtschaft verliert an Wert, die Nachfrage sinkt, die Unternehmen verdienen weniger und müssen die zu viel produzierten Produkte einlagern und die Produktion herunterfahren. Arbeitnehmer haben weniger Arbeit und werden entlassen. Die Wirtschaft sinkt in Richtung Tiefstand.
Abwrackprämie **71–72**	Betrag von 2.500 €, der im Jahr 2009 an Autobesitzer gezahlt wurde, die ihr Auto verschrotteten und dafür einen Neuwagen kauften. So sollte die Wirtschaft angekurbelt werden.
Amtssprache **88**	Sprache, die in einem Land in den Behörden und öffentlichen Einrichtungen gesprochen wird.
Anbietermarkt **36**	Markt, auf dem die Anbieter eine starke Stellung haben und die Preise weitgehend selbst festlegen können.
Arbeitslosenquote **90-91**	Diese Zahl sagt aus, wie viel Prozent der arbeitsfähigen Menschen einer Volkswirtschaft keine Arbeit haben.
Arbeitslosenversicherung **102-104**	Die Beiträge in die Arbeitslosenversicherung finanzieren die Zahlung von Arbeitslosengeld I und II.
Arbeitsmarkt **89-92 98 116**	Markt, auf dem die Unternehmen, die Arbeit anbieten und die arbeitssuchenden Menschen aufeinandertreffen.
Arbeitsrecht **92**	Gesetze, die den Unternehmen genau vorschreiben, wie sie mit ihren Mitarbeitern umgehen müssen.
Arbeitsvertrag **105-107 118**	Vertrag zwischen Arbeitgeber und Arbeitnehmer, der das Arbeitsverhältnis regelt.
Arbeitszeitgesetz (ArbZG)	Gesetz zum Schutz der Arbeitnehmer. Es beinhaltet die Regelung der Höchstgrenzen bei der Arbeitszeit, der Mindestdauer der Ruhepausen und der Sonn- und Feiertagsruhe.

Aufschwung **66–67**
Die Nachfrage in einem Land steigt, es wird mehr produziert, der Wohlstand steigt.

Ausbildungsbörse **96**
Internet-Plattform der IHK Wiesbaden, auf der Unternehmen ihre offenen Ausbildungsplätze anbieten.

Ausbildungsmesse **96 112**
Veranstaltung, bei der sich ausbildende Unternehmen präsentieren, bei denen sich Schüler über Ausbildungsberufe informieren und Kontakte knüpfen können.

Außenhandelsüberschuss **77**
Die Höhe der Exporte eines Landes übersteigt die Höhe der Importe.

Bankenkrise **56**
Vielen Banken geht es schlecht, weil sie in großen Mengen Geld an Privatpersonen verliehen haben, ohne genau zu prüfen, ob diese Personen den Kredit auch zurückbezahlen können. Besonders in den USA wurde viel Geld für den Hauskauf verliehen, das die Schuldner nicht zurückbezahlen konnten.

Bedarf **34–35 42**
Bedürfnis, für dessen Befriedigung Geld zur Verfügung steht.

Bedürfnis **14 34–36 114 117**
Wunsch nach etwas (Mangelzustand).

Boom (Hochkonjunktur) **65–66 68 73 116**
Unternehmen investieren das durch die hohe Nachfrage eingenommene Geld, die Produktion wird noch mehr ausgeweitet, die Zahl der Arbeitslosen ist gering, der Wohlstand hoch, der Staat nimmt mehr Steuern ein. Die Preise steigen.

Bruttoinlandsprodukt (BIP) **68 71–72 80 121**
Summe aller Güter und Dienstleistungen, die innerhalb eines Jahres in einem Land hergestellt werden.

Bruttolohn **100–101 117 119**
Lohn eines Arbeitnehmers, von dem noch keine Steuern und keine Sozialversicherung abgezogen wurde.

Bundesurlaubsgesetz (BUrlG)
Gesetz, das festlegt, wie viele Urlaubstage einem Arbeitnehmer jährlich mindestens gewährt werden müssen.

Darlehen **14**
Schulden, die bei der Bank gemacht werden, um beispielsweise ein Haus zu kaufen.

Dritter Sektor (Tertiärer Sektor) **19 120**
Handel / Dienstleistungssektor (Wirtschaftssektor, in dem die im Sekundären Sektor hergestellten Produkte verkauft werden).

ECU (European Currency Unit) **84 115**	Name der europäischen Währungseinheit, die Rechnungseinheit der EG und später der EU war, Vorläufer des Euro (€).
Einfacher Wirtschaftskreislauf **52-53 55 59 61 121**	Modell, das erklärt, wie die Privathaushalte und Unternehmen zusammenspielen – vereinfachte Darstellung einer Volkswirtschaft.
Erster Sektor (Primärer Sektor) **19 118**	Land- und Forstwirtschaft, Fischfang, Bergbau (Wirtschaftssektor, aus dem grundlegende Rohstoffe und Nahrungsmittel kommen).
Euro (€)	Währung von 17 EU-Mitgliedsstaaten und sechs weiteren europäischen Staaten. Steht in seiner Wichtigkeit direkt hinter dem US-Dollar.
Eurokrise	Einige Staaten, die den € als Währung haben, sind so stark verschuldet, dass sie kaum noch die Schulden und Zinsen zurückzahlen können. Dies ist eine Gefahr für den Euro, da die Währung dadurch als unstabil und unsicher angesehen wird.
Europäische Union (EU) **80-88**	Zusammenschluss von mittlerweile 27 europäischen Staaten, in denen insgesamt rund 500 Millionen Menschen leben.
Europäische Wirtschafts- und Währungsunion **83**	Wird von 17 Staaten der EU gebildet, die nachweisen konnten, dass ihre Wirtschaft gut da steht und die Staatsverschuldung nicht zu hoch ist. Gemeinsame Währung ist der €.
Europäische Wirtschaftsgemeinschaft (EWG) **82**	Zusammenschluss von Staaten in den 1950er Jahren, um wirtschaftliche Sicherheit und Frieden aufzubauen. Die EWG ist der Vorläufer der EU.
Europäischer Binnenmarkt **80**	Markt innerhalb der EU.
Europäischer Computerführerschein **98**	International anerkannter Kurs, der Computerwissen und die Standard-Computeranwendungen (zum Beispiel Textverarbeitung, Tabellenkalkulation, Präsentationen, Datenbanken) vermittelt.
Europäisches Parlament **84**	Behörde der EU mit zwei Tagungsstätten – Brüssel und Straßburg.
European Currency Unit (ECU) **84 115**	Name der europäischen Währungseinheit, die Rechnungseinheit der EG und später der EU war.

Exportieren / Export **75–77 82**	Produkte werden ins Ausland geliefert.
Fachkräfte **90**	Arbeitnehmer mit einer guten Ausbildung.
Fachkräftemangel **90**	Fachkräftemangel herrscht, wenn auf dem Arbeitsmarkt zu wenig Fachkräfte vorhanden sind und die Unternehmen keine genügend qualifizierten Mitarbeiter einstellen können.
Gesetzliche Krankenversicherung **17 102–104**	Für Arbeitnehmer besteht eine Pflichtmitgliedschaft, wenn das Einkommen eine bestimmte Höchstgrenze nicht überschreitet. Durch die Beiträge werden Arztbesuche, Operationen und Ähnliches finanziert.
Gesetzliche Pflegeversicherung **102–104**	Die Pflegeversicherung soll die Versorgung Pflegebedürftiger sicherstellen.
Gesetzliche Rentenversicherung **102–104**	Die Beiträge in die Rentenversicherung sollen die Rente der derzeitigen Rentner finanzieren und einen Rentenanspruch für den Arbeitnehmer aufbauen.
Gewinn **22–37 52–56 98 110 120**	Geld, das ein Unternehmen nach Abzug aller Kosten erwirtschaftet hat.
Globalisierung **74–79**	Internationale Verflechtung von Staaten und Unternehmen.
Haushaltsbuch **12–15**	Buch, in das über mehrere Wochen hinweg alle Einnahmen und Ausgaben notiert werden, um einen Überblick zu erhalten, wohin das Geld fließt.
Hartz IV **58**	Arbeitslosengeld als Grundsicherung für Arbeitssuchende. Es soll dazu beitragen, dass die Leistungsempfänger für sich sorgen können. Ziel ist die Wiedereingliederung in den Arbeitsmarkt.
Hochkonjunktur (Boom) **65–66 68 73 117**	Unternehmen investieren das durch die hohe Nachfrage eingenommene Geld, die Produktion wird noch mehr ausgeweitet, die Zahl der Arbeitslosen ist gering, der Wohlstand hoch, der Staat nimmt mehr Steuern ein. Die Preise steigen.
Hyperinflation **70**	Dramatisch schnelle Entwertung des Geldes, zum Beispiel nach dem Ersten Weltkrieg, als ein Liter Milch 360 Milliarden Mark kostete!
Importieren / Import **75–77 82 114**	Produkte werden von ausländischen Unternehmen nach Deutschland geliefert.

Inflation **67-68 73**	Die Preise für die Güter einer Volkswirtschaft steigen, man erhält für das gleiche Geld weniger Güter als vorher – das Geld ist weniger wert.
Jugendarbeitsschutzgesetz (JArbSchG)	Gesetzliche Regelungen, die jugendliche Arbeitnehmer schützen sollen, zum Beispiel durch Verbot von Nachtarbeit.
Kartell **48**	Zusammenschluss mehrerer Unternehmen zur Verstärkung deren Marktmacht. Jedes Unternehmen bleibt aber wirtschaftlich selbstständig.
Kirchensteuer **100 104**	Steuer, die vom Bruttolohn eines Arbeitnehmers, der Kirchenmitglied ist, abgezogen wird, damit die Kirchen dadurch ihre Aufgaben finanzieren können (je Bundesland 8 oder 9 %).
Konjunktur / Konjunkturverlauf **65 68-69 73**	Wellenförmiger Verlauf von Wirtschaftsaufschwung, Hochkonjunktur, Abschwung und Tiefstand.
Lohnsteuer **61 100-101 104 117 120**	Steuer, die durch den Staat vom Bruttolohn eines Arbeitnehmers abgezogen wird, damit dieser damit seine Leistungen für die Gemeinschaft finanzieren kann.
Lohnsteuerklasse **101**	Sechs verschiedene Lohnsteuerklassen, die sich danach richten, ob ein Arbeitnehmer verheiratet ist oder Kinder hat, legen fest, wie viel Prozent Lohnsteuer vom Bruttogehalt eines Arbeitnehmers abgezogen werden.
Markt **7 16-17 33-50 67 73 80-90**	Ort, an dem Angebot und Nachfrage aufeinandertreffen.
Marktforschung **34**	Tests, Befragungen, Recherche mit dem Ziel, die Bedürfnisse der Kunden zu erkunden, um passende Produkte anzubieten.
Marktwirtschaft **16-18 45-49 65 118-119 121**	Die Produkte der Unternehmen werden auf einem Markt verkauft. Die Unternehmen können entscheiden, welche Produkte sie dort verkaufen und die Menschen können entscheiden, welche Produkte sie kaufen.
Maximalprinzip **11 118**	Wirtschaftlichkeitsprinzip – man versucht, mit den vorhandenen Mitteln möglichst viel zu erreichen.
Minimalprinzip **11 118**	Wirtschaftlichkeitsprinzip – man versucht, mit möglichst geringem Aufwand ein bestimmtes Ziel zu erreichen.
Modell **53-55 109 115 121**	Vereinfachte Darstellung der Realität.

Monopol **42–48**	Marktform, bei der es für bestimmte Produkte nur ein Unternehmen gibt, bei dem die Verbraucher kaufen können – ein Unternehmen steht vielen Nachfragern gegenüber.
Mutterschutzgesetz (MuSchG)	Gesetzliche Regelungen, die werdende und stillende Mütter schützen sollen, zum Beispiel durch ein Kündigungsverbot in dieser Zeit.
Nachfrage **34–45 66–73 90 113–120**	Konkrete Kaufabsicht.
Nachfragemarkt **36**	Markt, auf dem die Nachfrager eine starke Stellung haben und entscheiden können, was sie für welchen Preis kaufen.
Nachweisgesetz (NachwG) **107**	Das NachwG gilt für das Erstellen von Arbeitsverträgen und besagt, dass ein Arbeitsvertrag in schriftlicher Form vorliegen sollte, weil die wichtigsten Vertragspunkte schriftlich dargelegt werden müssen.
Nettolohn **100**	Lohn eines Arbeitnehmers nach Abzug vor Steuern und Sozialversicherung (in der Regel der Auszahlungsbetrag).
Ökonomie / ökonomisch **11**	Wirtschaft / wirtschaftlich.
Ökonomisches Prinzip **11**	Wirtschaftlichkeitsprinzip (vgl. Minimalprinzip oder Maximalprinzip).
Oligopol **43–44**	Marktform, bei der es für bestimmte Produkte nur wenige Unternehmen gibt, bei denen die Verbraucher kaufen können – wenige Unternehmen stehen vielen Nachfragern gegenüber.
Planwirtschaft (Zentralwirtschaft) **17 121**	Gegenstück zur Marktwirtschaft – der Staat entscheidet, welche und wie viele Produkte produziert und verkauft werden.
Polypol **42–44**	Marktform, bei der es für bestimmte Produkte viele Unternehmen gibt, bei denen die Verbraucher kaufen können – viele Unternehmen stehen vielen Nachfragern gegenüber.
Primärer Sektor (Erster Sektor) **19 115 121**	Land- und Forstwirtschaft, Fischfang, Bergbau (Wirtschaftsektor, aus dem grundlegende Rohstoffe und Nahrungsmittel kommen).

Produktionsfaktoren **28**	Rohstoffe, Maschinen und Arbeiter, die an der Produktion beteiligt sind (Arbeit, Boden, Kapital).
Produktionsunternehmen **24 120**	Unternehmen, die Güter herstellen.
Rezession (Abschwung) **65–68 113**	Das Geld in einer Volkswirtschaft verliert an Wert, die Nachfrage sinkt, die Unternehmen verdienen weniger und müssen die zu viel produzierten Produkte einlagern und die Produktion herunterfahren. Arbeitnehmer haben weniger Arbeit und werden entlassen. Die Wirtschaft sinkt in Richtung Tiefstand.
Schlüsselqualifikationen **98**	Grundlegende Qualifikationen, die Arbeitgeber erwarten, beispielsweise Pünktlichkeit, Zuverlässigkeit, Teamfähigkeit.
Schuldenkrise **65**	Anhäufung von riesigen Schuldenbergen in den USA und einigen EU-Staaten.
Schuldenuhr **64**	Elektronische Schautafel des Bundes für Steuerzahler in der Adolfsallee in Wiesbaden, die anzeigt, wie viele Schulden die Bundesrepublik Deutschland hat und wie schnell diese pro Sekunde wachsen.
Sekundärer Sektor (Zweiter Sektor) **19 121**	Industrie (Wirtschafssektor, in dem die Rohstoffe aus dem Primären Sektor verarbeitet werden).
Solidargemeinschaft **88**	Reiche Länder helfen armen Ländern innerhalb einer Staatengemeinschaft (zum Beispiel EU). Aber auch Mehrverdiener helfen Geringverdienern oder Arbeitslosen, indem sie mehr Steuern zahlen.
Solidaritätszuschlag **101 104**	Der Solidaritätszuschlag beträgt derzeit 5,5 % und wurde am 1. Januar 1995 für alle Steuerpflichtigen eingeführt, um die Wiedervereinigung Deutschlands zu finanzieren. Er wird vom Bruttolohn abgezogen.
Soziale Marktwirtschaft **16–17 48**	Die Unternehmen können nicht völlig frei handeln. Der Staat regelt den Markt durch Gesetze, damit die Unternehmen ihre mächtige Position nicht mißbrauchen und die Verbraucher geschützt werden.
Soziale Ziele **32**	Ziele, die dem Wohl der Mitarbeiter dienen.
Sozialversicherung **101–102 114 118**	Abgaben, die vom Bruttolohn abgezogen werden, um damit die soziale Sicherheit und Gerechtigkeit in der Gesellschaft zu gewährleisten.

Sponsoring **39**	Unterstützung von Sportlern oder anderen Institutionen mit Geld, damit diese zum Beispiel das Logo des Unternehmens (des Sponsors) tragen und dieses so bekannt machen.
Staat **16-17 43 48-73 84 100-110 114 116-119**	In der Demokratie besteht der Staat aus all seinen Bürgern. Für die notwendige Ordnung sorgen die Parlamente, die Verwaltung und die Gerichte.
Starterkit **86**	Mischung von €-Münzen im Wert von 10,23 €, die ab dem 17. Dezember 2001 bei Banken und Sparkassen für 20 DM erworben werden konnten, um sich mit der neuen Währung vertraut zu machen.
Steuern **52 55-73 100 110 114 116 118-119**	Einnahmequelle des Staates: Es gibt zahlreiche verschiedene Steuerarten, beispielsweise Mehrwertsteuer, Lohnsteuer und Tabaksteuer.
Teilzeitbeschäftigte	Arbeitnehmer, die nur rund 20 Stunden die Woche arbeiten, beispielsweise nur an Vormittagen oder an drei vollen Tagen die Woche.
Tertiärer Sektor (Dritter Sektor) **19 114**	Handel / Dienstleistungssektor (Wirtschaftssektor, in dem die im Sekundären Sektor hergestellten Produkte verkauft werden).
Tiefstand **67 113 117 119**	Die Unternehmen einer Volkswirtschaft können nicht mehr investieren, weil die Einkommen und die Nachfrage sinken und somit die Preise. Es entsteht Massenarbeitslosigkeit und die Steuereinnahmen des Staates werden immer weniger.
Überziehungszinsen **14**	Hohe Zinsen, die der Bank gezahlt werden müssen, wenn das Konto überzogen wurde.
Umweltziele **32**	Ziele, welche die Umwelt schützen sollen.
Unternehmen **11-12 16-17 22-79 90-98 102-119**	Verkaufen ihre Produkte und Dienstleistungen, um damit einen möglichst hohen Gewinn zu erzielen.
Unternehmer	Menschen, die ein eigenes Unternehmen haben.
Urproduktionsunternehmen **24**	Betriebe der Land- und Forstwirtschaft und des Bergbaus.
Volkswirtschaft **51-73 90 113-117 119-121**	Staat, Unternehmen und Haushalte eines Landes.

Vollzeitbeschäftigte **93** — Arbeitnehmer, die, je nach Vereinbarung, 40 Stunden die Woche arbeiten (in der Regel acht Stunden pro Tag).

Währungsumrechner **86** — Taschenrechner, die D-Mark-Beträge in € und €-Beträge in D-Mark umrechneten, um die Umstellungsphase auf den € zu erleichtern.

Werbung **14 38–39 51** — Sie soll die Menschen auf bestimmte Produkte aufmerksam machen, zum Beispiel durch Zeitungsanzeigen, Fernsehspots oder Plakate.

Wirtschaften **11–13** — Vorhandenes Geld so einsetzen, dass es den größtmöglichen Nutzen bringt und keine Schulden gemacht werden.

Wirtschaftliche Ziele **31–32** — Ziele, die den Umsatz und den Gewinn steigern sollen (meist in Geld, Prozent oder anderen Maßeinheiten messbar).

Wirtschaftskreislauf **52–61 115** — Modell, das erklärt, wie die Privathaushalte, die Unternehmen, der Staat und die Banken zusammenspielen – Darstellung einer Volkswirtschaft.

Wirtschaftssektoren **18–20** — Teilgebiete, in welche die Wirtschaft eingeteilt werden kann (Primärer Sektor, Sekundärer Sektor, Tertiärer Sektor).

Wirtschaftswachstum **65–68 72** — Zahl, die angibt, wie das im Inland erzielte Einkommen (Bruttoinlandsprodukt) in einem Jahr gesteigert werden konnte.

Zentralbank der EU **84** — Behörde der EU mit Sitz in Frankfurt.

Zentralwirtschaft (Planwirtschaft) **17 118** — Gegenstück zur Marktwirtschaft – der Staat entscheidet, welche und wie viele Produkte produziert und verkauft werden.

Ziel **11 31–33 82–83 116–117 119–121** — Erwünschter Zustand in der Zukunft, der erreicht werden soll.

Zweiter Sektor (Sekundärer Sektor) **19 119** — Industrie (Wirtschafssektor, in dem die Rohstoffe aus dem Primären Sektor verarbeitet werden).

Quellenangaben

Foto- und Copyright-Nachweis

Jasmine und Sven	Fotos: © Karl-Martin Hartmann, Wiesbaden. Mit Dank an Jasmine Hoffmann und Sven Deider, Auszubildende der IHK Wiesbaden, 2011. Locations: Wiesbaden Innenstadt; Momo's Bar, Karl-Gläsing-Straße 5, 65183 Wiesbaden; Schlachthof Wiesbaden; Liliencarré Wiesbaden; IGS Obere Aar, Taunusstein, Pestalozzistraße. 3, 65232 Taunusstein; Eiscafé Rialto, Hopfgartenstraße 13, 65203 Wiesbaden-Biebrich; Kurhaus Wiesbaden, Käfer's Kurhaus Gastronomie, Kurhausplatz 1, 65189 Wiesbaden; Theaterkolonnaden Wiesbaden.
Icons, Logos IHK	© Kerstin Jeckel & Karl-Martin Hartmann, IHK Wiesbaden
Porträts Umschlag	© Karl-Martin Hartmann und © Julia Baumann, www.julia-baumann.de
Globus-Grafiken	http://www.dpa-infografik.com
Bild-Recherche IHK	Melanie Dietz, Pressereferentin, Geschäftsbereich Unternehmenskommunikation IHK Wiesbaden
Seite **5**	© Vera Friedrich, Wiesbaden
Seite **9**	Fotocollage © Karl-Martin Hartmann
Seite **16**	Wiesbadener Wochenmarkt © Karl-Martin Hartmann
Seite **19**	Schreibtisch, Baumstämme © Karl-Martin Hartmann Schreinerei © Ugo Ambroggio | Dreamstime.com
Seite **21**	© Luftbild Wiesbaden, Landeshauptstadt Wiesbaden Fussgängerzone Wiesbaden © Karl-Martin Hartmann
Seite **22**	© Henkell & Co. Sektkellerei KG, Marmorsaal
Seite **24**	© McDonald's
Seite **25**	© Microsoft, © Coca-Cola
Seite **26** und **27**	© Daimler AG
Seite **26**	Autobahn © Karl-Martin Hartmann
Seite **28**	© Industriepark Kalle-Albert, InfraServ, Wiesbaden
Seite **29**	Schwammtücher © Karl-Martin Hartmann, Kalle-Wursthüllenproduktion © Paul Müller
Seite **31**	Grafik © Karl-Martin Hartmann
Seite **36**	Drogerieprodukte © dm-Markt

Seite **38**	© Rolex, © Swatch
Seite **39**	Werbung © Karl-Martin Hartmann
Seite **40**	© SV Wehen-Wiesbaden
Seite **43**	© Deutsche Bahn AG 6114, Tankstellen-Preise © Karl-Martin Hartmann
Seite **44**	© Deutsche Bahn AG
Seite **45**	Mineralwasser © Karl-Martin Hartmann
Seite **47**	Schlachthof Wiesbaden, Foto-Archiv IHK Wiesbaden
Seite **48**	Zahnpasta © Karl-Martin Hartmann
Seite **49**	Tabak und Zigaretten © Karl-Martin Hartmann
Seite **50**	© Dirk Zinckernagel, hillaryStep, Alzey
Seite **51**	Grafik © Karl-Martin Hartmann
Seite **53**	Grafik © Karl-Martin Hartmann, © Naspa, Wiesbaden Naurod, Bianca Breithecker
Seite **55**	Grafik © Karl-Martin Hartmann
Seite **58**	© Strassenbau, Bilfinger Berger SE, Mannheim
Seite **59**	Grafik © Karl-Martin Hartmann
Seite **61**	Grafik © Karl-Martin Hartmann
Seite **62**	© Henkell & Co. Sektkellerei KG
Seite **64**	Schulden-Uhr © Karl-Martin Hartmann
Seite **66**	Grafik © Karl-Martin Hartmann
Seite **70**	Briefmarke, Münze, Banknote © Karl-Martin Hartmann
	Reichsbank Berlin, Fotosammlung Karl-Martin Hartmann
Seite **72**	Schrottautos © Kurt Michel_pixelio.de
Seite **73**	Grafik © IHK Wiesbaden, Karl-Martin Hartmann
Seite **75**	Grafik © Karl-Martin Hartmann
Seite **77**	© Logit | Dreamstime.com
Seite **78**	© Air Berlin
Seite **79**	Zeitungen © Karl-Martin Hartmann
Seite **81**	Grafik © Karl-Martin Hartmann
Seite **82**	Frankfurt 1945 © Tony Vaccaro
Seite **83**	Frankfurt 2011, © Stadt Frankfurt am Main
Seite **85**	© Ginasanders | Dreamstime.com
Seite **92**	Stahlbau Huhle, Wiesbaden © Karl-Martin Hartmann
Seite **103**	Gehaltsabrechnung © Karl-Martin Hartmann
Seite **104**	Wiesbaden, Läden © Karl-Martin Hartmann
Seite **108**	IHK Wiesbaden © Karl-Martin Hartmann
Seite **109**	© Andreas Schlote
Seite **110**	© Andreas Schlote
Seite **111**	IHK Wiesbaden © Karl-Martin Hartmann

WIRTSCHAFT
Was geht mich Wirtschaft an?

Copyright und Herausgeber	© 2012 IHK Wiesbaden Industrie- und Handelskammer Wiesbaden Präsident Dr. Gerd Eckelmann Hauptgeschäftsführer Joachim Nolde Wilhelmstraße 24 - 26 65183 Wiesbaden
Konzeption und Beratung	Projektteam IHK-Wirtschaftsführerschein Simone Gutheil, Projektleiterin Gordon Bonnet, Leiter Unternehmenskommunikation Günter Higelin, IHK-Initiative für Oberstufenschüler Reinhard Offenbartl, stellvertretender Leiter Aus- und Weiterbildung
Autoren	Dipl. Rom. Frauke Kaesler-Probst und Dipl. Hdl. Clemens Kaesler, Frankenthal Gordon Bonnet, IHK Wiesbaden
Gestaltung	Kerstin Jeckel und Karl-Martin Hartmann, Wiesbaden
Schriften	Adobe Rotis Sans Serif und Rotis Semi Sans Adobe Courier
Umschlagkarton	Invercote G mit Feinleinenprägung 240 g/m²
Inhaltspapier	Omnibulk 135 g/m², FSC zertifiziert
Druck und Bindung	Druckerei Zeidler, Wiesbaden
	1. Auflage 2012
	ISBN 978-3-00-036657-4 Printed in Germany